中华典故拾珠

宝 文 编

吉林人民出版社

图书在版编目（CIP）数据

中华典故拾珠/宝文编.—长春：吉林人民出版社，2010.10（2021.3重印）
（青少年探索文库）
ISBN 978-7-206-07073-0

Ⅰ.①中… Ⅱ.①宝… Ⅲ.①汉语—典故—青少年读物 Ⅳ.①H136.3-49

中国版本图书馆CIP数据核字(2010)第192097号

中华典故拾珠

编　　者：宝　文
责任编辑：张　娜
吉林人民出版社出版（长春市人民大街7548号　邮政编码：130022）
印　　刷：三河市燕春印务有限公司
开　　本：700mm×970mm　　1/16
印　　张：13　　　　　字　数：110千字
标准书号：ISBN 978-7-206-07073-0
版　　次：2010年10月第1版　　印　次：2021年3月第2次印刷
定　　价：39.00元

如发现印装质量问题，影响阅读，请与印刷厂联系调换。

目　录

安乐窝	/ 001
败北	/ 003
抱佛脚	/ 005
壁上观	/ 007
不耐烦	/ 009
掣肘	/ 011
倒戈	/ 013
点睛	/ 015
东道主·作东	/ 017
恶作剧	/ 019
儿戏	/ 021
方寸	/ 023

腹稿	/ 025
复辟	/ 027
刮目	/ 029
挂冠	/ 031
观止	/ 033
管窥	/ 035
桂玉	/ 037
涸鲋	/ 039
鸿沟	/ 041
红娘	/ 043
画眉	/ 045
何许人	/ 047
鸡肋	/ 049
拮据	/ 051
借光	/ 053
巾帼	/ 055
锦标	/ 057
绝缨	/ 059
隽永	/ 061
抗衡	/ 062
雷池	/ 064
梨园	/ 066
罗织	/ 068

目　录

买骨	/ 069
模棱	/ 071
莫须有	/ 073
捧脚　捧臭脚	/ 075
捧腹	/ 077
破天荒	/ 079
强项令	/ 081
乔迁	/ 083
求凰　琴心	/ 085
雀跃	/ 087
孺子牛	/ 089
润笔	/ 091
三迁	/ 093
识荆　识韩	/ 095
食言	/ 097
石尤风	/ 099
书厨	/ 101
束缊	/ 103
隋珠	/ 105
说项	/ 106
泰斗	/ 108
桃花源	/ 110
桃莱	/ 112

绨袍	/ 114
天壍	/ 116
庭训	/ 118
铜臭	/ 120
偷香	/ 122
投笔	/ 124
投梭	/ 126
投香	/ 128
推敲	/ 130
脱颖	/ 132
纨绔	/ 134
忘年交	/ 136
问鼎　定鼎	/ 138
问律	/ 140
握发	/ 142
卧雪	/ 144
弦上箭	/ 146
想当然	/ 148
萧墙	/ 150
效颦	/ 152
悬鱼	/ 154
眼中钉	/ 156
影射	/ 157

目 录

咏絮	/ 159
庾尘	/ 161
呎痛	/ 163
糟糠　下堂	/ 165
折桂	/ 167
折屐	/ 169
折蒲	/ 171
谪仙人	/ 173
折腰	/ 175
知音　绝弦	/ 177
纸贵	/ 179
指困	/ 181
掷楉	/ 183
治命　结草	/ 185
忠泉	/ 187
昼锦	/ 189
株守	/ 191
逐臭	/ 193
逐客令	/ 195
逐鹿	/ 197
左右袒	/ 199

安乐窝

邵雍,也称邵康节,是宋代著名理学家。他住在洛阳时,不谋求做官,只求生活安乐。据《宋史·邵雍传》记载,他初到洛阳时,住在蓬门荜户的房子里,四堵墙连风雨也难以遮挡。当时,司马光、吕公著、富弼等名人罢官后,也离开京城到洛阳居住。这几个人平素很敬重邵雍,常跟他交往,并给他买了田园和住宅。农时一到,邵雍就亲自去耕种和收获。然而,收下的粮菜,也仅能够吃和换点必备衣物而已。

邵雍怡然,自得其乐,把他的住处取名叫做"安乐窝"。每天早晨起来,他燃香坐着休息。到了晚上,就自斟自饮,喝上几杯,微有醉意即可。兴致一来,则吟诗成章,高声朗诵。

邵雍的自营安乐的生活,竟然赢得了身价。每当他坐一辆小车闲游时,官宦人家一听到他驱车驶过的声音,就争相出门迎候，连小孩子及奴仆们也很喜欢他，把他称为"我们家的先生"。有些好事者，还仿效邵雍在自家也建个"安乐窝"，准备随时用来接待邵雍。

后来，人们便把安适的生活环境称之为"安乐窝"，含有贬义和讽刺意味。

败 北

自公元前 206 年到公元前 202 年，楚汉相争持续了 5 年之久，双方大的交战有 70 多次，小的交战 40 次，刘邦在军事上一直处于劣势。项羽虽然屡获胜利，但在政治上却很不得人心。他率军入关中后，攻城掠地，屠戮无辜，引起人民的普遍怨恨，很快失去民心。

公元前 202 年，项羽全军被刘邦包围在垓下（今河南鹿邑县境内）。为瓦解项羽士兵的斗志，刘邦让汉军四面唱起楚歌，楚兵个个思乡厌战，项羽也以为楚地尽失，无可挽回。于是决定突围而逃。

据《史记·项羽本纪》记载，项羽率八百精壮骑兵乘夜突围而南行，拂晓时，汉军发觉他已出逃，令骑将灌婴带五千骑兵追赶。项羽渡过淮水时，手下只剩一百多人了，到了淮南的阴陵，项羽迷了路，问一个老农夫该朝哪个方向走。老农夫大约是认出他是项羽，便诳骗他说："往左走吧!"于是，项羽及随从被引进了一片沼泽地中，因而被汉军追上了。项羽只好又带残兵往东去，到了东城，身边只有 28 个骑从了。这时，几千名汉军士兵远远杀来，声威颇壮。项羽见大势已去，最后的失败已不可避免，就对手下的骑从说："我兴兵讨秦至今已 8 年了，身经 70 余战，'所当者破，所击者服，未尝败北，遂霸有天下。然今卒困于此，此天之亡我，非战之罪也。'……"

"未尝败北"，就是未曾被击败过。后来，人们便用"败北"指战败或失败。

抱 佛 脚

据宋人刘颁《中山诗话》记载,宋代著名政治家、文学家王安石有一次与宾客们聊天,谈到佛学的有关问题。当时,王安石年事已高,加上官场生活屡经坎坷,有些心灰意懒,未免因谈佛而顿生迟暮之感,不禁慨然一声长叹,说道:"我年岁大了,现在该与山中寺庙里的和尚相依为伴了!"接着,口吟一句诗:"投老欲依僧。"话音刚落,一位宾客随口接了一句:"急来抱佛脚。"王安石不觉一怔,反诘道:"我说的'投老欲依僧'可是一句古诗啊!"那位宾客也并不示弱,回敬说:"我说的'急来抱佛脚'却是一句古谚。你的句子以'投'(头)字起,我的一句以'脚'字落,岂不是妙语连珠,对得不错吗?"众人听了这番巧对无不称许,王安石也点头称是。

后来,人们把办事不预为之谋,事到临头只好仓促应付这种作风称之为"急来抱佛脚",或"抱佛脚"。在流传中,逐渐演化,被"平时不烧香,临时抱佛脚"取而代之,意义更深刻,词语更通俗了。

壁 上 观

秦朝末年，项梁与项羽叔侄俩领导的反秦部队，在楚地将领的拥戴之下迅速壮大起来，连续打了许多胜仗。可是，秦军大批增援以后，秦将章邯在定陶(今属山东)大败楚军，接着又北渡黄河攻赵地。当时赵歇为赵王，他的部将陈余等只好退入巨鹿(今属河北)固守，以待援军。

项羽闻讯后，先派黥布和蒲将军率众渡河去解巨鹿之围，然后亲自统领余部麾师北上。为了坚定必胜的信心和誓死一战的决心，渡过黄河之后，项羽命士卒把渡船全部凿沉，行军锅也都砸了。每人发给3天的粮食，以期拚死速战。楚军开赴前线后，立即包围秦军，并截断其粮草辎重补给线。战斗中，楚军将士个个奋勇争先，呼声动地，军威大震。结果把秦军打得一败涂地，死伤大半，溃不成军。

据《史记·项羽本纪:》记载,项羽军队去解围救赵时,其他各路诸侯的十多支部队也陆续赶到。这些部队到达后,各立了军营壁垒,却都不敢出来跟秦军交锋,"诸将皆从壁上观"。"壁",就是壁垒。"壁上观",就是躲在壁垒里朝战斗的地方看,而不出来参战。

战斗胜利以后,项羽召见各路援军首领,他们都低头弯腰走进辕门。没有人敢抬头仰望项羽。

后来,"壁上观"用以比喻置身局外,坐观双方的成败,不帮助任何一方的中立态度。

不 耐 烦

　　三国时代魏国文学家嵇康（公元224——263年），字叔夜，谯郡铚（今安徽宿县西南）人。与魏国宗室通婚，官中散大夫，世称嵇中散。嵇康是"竹林七贤"之一，声言"非汤武而薄周孔"，对当时掌握政权的司马氏集团表示不满，遭到钟会的构陷，被司马昭杀掉。

　　嵇康善诗能文。鲁迅先生说他的文章"思想新颖，往往与古时旧说反对"。他的散文代表作《与山巨源绝交书》集中地反映了他拒绝同司马氏集团合作的政治态度。文中，他明确表示，不接受山巨源（山涛）的引荐，说自己不能出仕是因为一旦做官便会有七件不堪忍受的事临到头上。"七不堪"的最后一项是"心不耐烦，而官事鞅掌，万机缠其心，世故繁其虑"。"鞅掌"，事务繁杂使人难以应对的样子，意思是说，自己没有耐性去承受烦纷杂沓的官场之事的搅扰。

后世用"不耐烦"多指心情急躁而没有耐心。如《宋书·庾炳之传》:"炳之为人,彊(强)急而不耐烦,宾客干诉非理者,忿詈形于辞色。"

掣　肘

据《吕氏春秋·具备》记载，春秋时期，孔子有个弟子叫宓子贱，很有才干，鲁君便指派他去治理亶父这个地方。治理亶父，对他来说，并非难事，他只怕鲁君听信谗言，使他的才能不得施展。为此，他赴任前，恳求鲁君派两名近臣同去亶父，鲁君应允。

宓子贱到任后，亶父地方的大小官员都来拜见，他让鲁君的两名近臣提笔书记。两人正要下笔，宓子贱走到他们身后，不时地掣动他们执笔的臂肘，弄得两人把字写得歪歪斜斜。这时，宓子贱勃然大怒，当着众官吏的面，斥责他们写得不好。鲁君的两个近臣非常恼火，都向宓子贱请求要回到鲁君身边，宓子贱更不挽留他们。两人回到都城后，把宓子贱如何掣肘而又发怒的事一五一十地禀告给鲁君。鲁君听罢，顿时明白了宓子贱的用意,他长叹一声道:"宓子贱这样做,是规劝我不要听信谗言,放手让他去治理亶父呀!"鲁君随即派遣亲信来到亶父,向宓子贱传达他的旨意说:"从今以后,亶父的一切政务由你全权处理,只要是有利于亶父的措施,你尽管实行。"从此,宓子贱励精图治,时过不久,亶父风尚大改,百姓安居乐业。

后来,人们用"掣肘"比喻阻挠他人做事,就是从上述的故事引申出来的。

倒　戈

纣王当政后，奢侈无度，残酷暴虐，商朝酝酿着一场奴隶大暴动。周武王暗中派人到商，察看那里的国情。不久，被派去的人回来报告，商朝坏人当权。武王认为伐商的时机尚未成熟，于是按兵不动。后来，武王又得到报告，商朝的好人全被驱逐，武王认为伐商的时机还是未到。最后，被派出的人报告，商朝黑暗，人们已闭口不敢说话，这时，武王认为灭商的时机已经到来，便率领军队讨伐商纣王。

公元前1066年正月28日，武王挥师渡过黄河，军中前歌后舞、士气高昂，直逼商朝都城，蜀、羌、微等八方诸侯国亦派兵助战。2月4日黎明，武王在牧野誓师，列举纣王四大罪状，尔后，向商朝发起总攻。昏愦的纣王仗恃兵多士众，派出17万大军迎战。两军相遇后，商朝前军突然在阵前暴动起义。

倒戈反击。纣兵被杀得尸积如山、血流成河。最后，武王率军一举攻克商的都城朝歌。

后来，人们就把军队临阵转向对方，向原是自己的一方进攻，称为"倒戈"。

点　　睛

《宣和画谱》和《名画记》中都记载了这样一段内容相同的故事。

南北朝时南朝梁代有一位著名的画家名叫张僧繇。有一次，他被人请去金陵（今南京）到安乐寺作壁画。张僧繇挥笔在寺壁上画了四条龙，那龙张牙舞爪，鳞片闪闪，齿须俱全，飘飘然有腾飞之势，引起围观者的一片赞叹。然而，人们仔细一看，发现那四条龙都没有画上眼睛，不禁感到奇怪，就问张僧繇为什么不给龙画眼睛。画家回答说："如果我给它们画上眼睛，它们就要从壁上飞走了。"大家听了都不肯相信，非要他试试不可。于是，他提起笔来给其中的一条龙轻轻地点上了眼睛。接着，又去给另一条龙点睛。刚一点完，忽然闪电雷鸣，两条龙都呈跃动之势。围观者都吓得纷纷躲避。随着一声巨响，寺壁断裂。等平静下来以后，人们走近前一看，被画上眼睛的两条龙果然无影无踪了。只有那两条没来得及点睛的龙还安然存在于寺壁上。

这个故事当然只是一个神奇的传说，不过是为了极力渲染张僧繇画技的高超罢了。可是，由此却留了一个"点睛"的典故和一个"画龙点睛"的成语。后来，用"点睛"比喻作文章或说话时，在紧要处加上一两句关键的话，从而使内容更加精辟有力，鲜明生动。

东道主·作东

春秋时代，晋国公子重耳流亡在外达19年之久。他到了郑国的时候，郑文公未能对他以礼相待。重耳返回晋国当了国君后，于公元前630年，同秦国合兵伐郑，以报当年郑国对他非礼之仇，并惩罚郑国与楚国结好的行为。

据《左传·僖公三十年》记载，晋、秦两国的军队包围了郑国，晋军驻扎在函陵，秦军驻扎在汜南。敌兵压境，郑国面临亡国之患，郑文公急得不知所措。这时，大夫佚之狐对他说："国家危险了。倘若派烛之武到秦国去进见秦王，军队一定可以撤走。"郑文公听从了佚之狐的话，而烛之武却推辞起来："我年青的时候都不如别人，如今风烛残年，何能当此重任！"郑文公听出烛之武的话含有牢骚，就客气地说："我没能及早地任用您，这是寡人的不是。可是郑国要是灭亡了，对您也是不利的啊！"于是，烛之武答应了。夜里，人们用绳子从城墙上把他吊下来送出城外。

烛之武见到了秦穆公，说道："秦、晋两国包围了郑国，郑国已经知道是要灭亡的了。如果灭亡了郑国能对君王您有什么好处的话，那倒罢了。可是，郑国并不与秦国相邻，即使灭了郑国，郑国的土地也只能被相邻的晋国占领，晋国版图扩大了，就是对秦国的削弱。况且，晋国贪得无厌，过去答应把焦、瑕两地割给秦国，后来一直没给。如果并吞了东边的郑国，再想辟疆扩土，岂不就要向西方的秦国扩张了吗？所以，以我之见，倒不如饶恕郑国，让它做东道上的主人（"东道主"），往来，秦国的使者往来路经郑国，郑国可以尽东道主的责任，好好招待贵宾，供应他们缺少的一切，这对君王您也没有什么害处。"烛之武这番话把秦穆公说得很高兴，他便同意与郑国结盟，撤回了围郑的大军。秦军一撤，晋国也调回了自己的部队，郑国之危于是就解除了。

郑国在秦东方，"东道主"意指东方路上的主人。后来，用来泛指主人，也称以酒食请客者为"东道主"，请客为"作东"、做"东道"。

恶 作 剧

唐代段成式的《酉阳杂俎·盗侠》记载了这样一个离奇的故事。

唐德宗建中初年,读书人韦生的全家要迁到汝州去。在向汝州去的路上,韦生遇到一位僧人,于是二人并辔而行,结为旅伴,边行边谈,言语颇为投机。不知不觉,日将衔山,僧人指着前面的路径说:"离这数里就是贫僧的寺院,您能否光顾一下我们的住持之地?"韦生答应了,就让家眷先行一步,他仍与僧人结伴而行。又走了十多里地还没有到,韦生又问僧人的寺院在哪。僧人手指一处林烟说:"这就是了!"他们又向前走,太阳下山了,韦生不免心生疑惑,觉得僧人不是善良之辈。

韦生平素练就一身弹射的本领。此刻,他偷偷从靴中取出弹弓,从怀里掏出十余粒铜丸,责问僧人道:"我赶路是有期限的,方才与你相遇,被你约请才同你结为旅伴,现在已经走了二十里还没到,这是怎么回事?"僧人支支吾吾,只说还得往前走。韦生见僧人往前走了一百多步,知道他是个盗贼,就用弹丸射他,正中他的后脑勺。僧人起初并没发觉脑后中弹,韦生连发五弹皆中,僧人才用手捂住中弹处,慢声拉语地说:"郎君莫恶作剧。"韦生知道事已至此无可奈何,也没有再弹射僧人。……后来,僧人如实招供,他果然是个不怀好意的盗贼。

所谓"恶作剧",就是指令人难堪的戏弄。如蒲松龄《聊斋志异·婴宁》:"观其孜孜憨笑,似全无心肝者;而墙下恶作剧,其黠孰甚焉!"

儿　　戏

汉文帝时，匈奴屡犯边关。为抵御匈奴的进犯，皇帝派刘礼率军驻扎霸上，徐厉率军驻扎棘门，周亚夫率军驻扎细柳。

有一次，皇帝亲自去驻地劳军，到了霸上和棘门两地，车骑可直驱而入，戒备十分松弛。来到亚夫为将军的细柳军营，情况大不相同。这里的军士步卒人人披甲执锐，弓箭手都张弓搭箭，异常威严勇武。皇帝的先遣人员到达军门而被阻住不能进入，先遣人员说："皇帝陛下马上要到了！"细柳营的军门都尉回答说："我们的将军亚夫下达命令说：'军中闻将军令，不闻天子之诏。'"过了一会儿，皇帝到了，也被拒之军营之外。于是，皇帝只好郑重其事地派出使臣持符节诏告将军亚夫，说明皇帝要入营劳军的意思。亚夫这才传令打开军营壁门。把守壁门的官兵又对皇帝的随从说："亚夫将军有约规，军中不得车马驰驱。"于是，皇帝只好按辔徐行。到营中，将军亚夫持兵器向皇帝作揖说："我全副武装在身，不能下拜叩见，请让我以军士之礼欢迎您吧!"

细柳营军威如此严整，皇帝为之动容，派人称谢说："皇帝敬劳将军!"完成了必要的礼仪程序之后，皇帝及其随从便离去了。等皇帝一出军门，群臣无不惊恐。可是汉文帝非但没有责怪亚夫，反而对他的治军有方极为赞赏。

他说："像周亚夫这样的人才不愧是个真正的将军呢!先前我看到的霸上、棘门两地的军队，象儿戏一般，他们的将军也是可以袭击而俘获的；至于亚夫这样的将军，谁能够凌犯得了他呢?"

这个故事记载于司马迁《史记·绛侯周勃世家》中。汉文帝用"儿戏"指霸上、棘门军的松弛涣散，军容不整，如同儿童嬉戏一般。后世常用"儿戏"这一典故指办事不认真，不严肃或草率马虎，敷衍了事。

方　寸

东汉末年，军阀割据，群雄争霸。

北方的曹操为平定天下而极力网罗人才，虽说是思贤若渴，可是他使用的手段并不光明正大。曹操听说徐庶是个上知天文，下晓地理，博古通今，聪慧过人的名士，便处心积虑地要把徐庶弄到他自己身边来，为他争霸天下而出谋划策。徐庶是个封建正统观念很强的人，十分厌憎曹操的为人和野心，把他视为"奸雄"，怎么肯屈辱自己的气节去为曹操效力呢？曹操也深知，用礼遇的方式让徐庶心悦诚服是无望的。于是，他动了心机。听说徐庶是个孝子，曹操抓不到徐庶，就把他的年逾古稀的老母抓了来。先是劝徐母写信招儿子前来，遭到老人的拒绝和怒斥；日子久了，曹操手下的人熟悉了徐母的笔迹。曹操便让人模仿徐母笔迹写了一封信给徐庶，要徐庶速来。

此时，徐庶正暂居于刘备处，只好辞别刘备北上。临行时，徐庶以手指心说："本欲与将军共图王霸之业者，以此方寸之地也。今已失老母，方寸乱矣，无益于事，请从此别。"意思是说，我本想跟将军（指刘备）共图平定天下的大业，靠的就是这"方寸之地"。现在，年迈的母亲被曹操拘执，我的"方寸"已经惑乱了，不会有补于事，让我从此跟您告别吧！这里面"方寸"是一寸见方的意思，借指人的心（古人认为"心"是人的思维器官）。

《三国志·蜀志·诸葛亮传》记载了徐庶的这段话。后世至今，人们一直把"方寸"当作"心"的代称，常说"乱了方寸"，"方寸絮乱"等，用以表达心绪或心情的烦乱无主。

腹　　稿

初唐四杰之首王勃（公元650——676年），字子安，绛州龙门（今山西河津）人。他自幼聪敏，勤奋好学，作品虽然不多，却被人千古传诵，在文坛上颇有影响。他的诗偏重于描写个人生活，亦有少数抒发政治感慨、隐寓对豪门世族不满之作，风格较为清新。著名的"海内存知己，天涯若比邻"就是他诗作中的名联。他的文章以《滕王阁序》最负盛名。

据《新唐书·王勃传》记载："勃属文，初不精思，先磨墨数升，则酣饮，引被复面卧，及寤，援笔成篇，不易一字，时人谓勃为腹稿。"意思是说，王勃写文章，开始时不打草稿，也不冥思苦索，而是先磨好墨，饮酒至酣，然后扯过被子蒙头而睡。一觉醒来，拿过笔，挥毫疾书，顷刻成篇，连一个字也用不着改动。所以，当时的人们都说王勃腹中有稿。

后来，人们根据王勃蒙被构思的故事，把预先想好而没有落笔成文的稿子称之为"腹稿"。如《宋史·徐积传》："自少及老，日作一诗，为文率用腹稿，口占授其子。"

复　辟

商朝初年，有一位著名的贤臣伊尹，他曾辅佐商汤（成汤）兴师伐夏桀并取得胜利，为殷商开国作出过巨大贡献。

成汤死后，伊尹又先后辅佐了几世商王，其中，成汤的嫡长孙帝太甲就是一个。帝太甲刚即位时，伊尹总结了以往的政治经验，写了《伊训》、《肆命》、《徂后》等几篇文章，意在为帝太甲提供治国之术。然而，帝太甲即位三年之后，也没有把国家治理好，不明政教，暴虐昏聩，不遵商汤法度，违背先贤遗训，实在没有一国之君的样子。于是，伊尹便把帝太甲逐出国都之门，流放到桐宫（在今河南偃师县境）去了。在国家无君期间，伊尹当了摄政者，临朝治国。

帝太甲被放逐到桐宫以后，开始悔过自责，改恶从善。三年以后，伊尹见他确实变好了，可以为国君而治理天下，就亲自去把他从桐宫接回来,将政权归还给他。

　　这段史实记载于《尚书·咸有一德,和《史记·殷本纪》中。"复辟"的"辟",指君主。失位的君主恢复了君位,叫做"复辟"。随着历史的发展,现在,"复辟"已成为贬义词,指被推翻的统治者重新上台,或国家政权落到旧制度的政治代表人物手中。

刮　目

三国时代吴主孙权很重视手下将领们的读书问题。据《三国志·吴蒙传》记载，有这样一段故事。

有一次，孙权对吕蒙和蒋钦说："你们现在都身居要职，独挡一面，应当勤于学习，向人请教，以便开阔视野，增长见识。"

吕蒙回答说："我在军中事情繁多，难以应付，恐怕抽不出时间读书了！"

孙权说："我难道是想让你们读经书当博士吗？只不过是想让你们粗略地了解一下过往的历史罢了。……像你们俩这样，头脑聪明，善于领会，学习起来必有所得，怎么就不应当学习呢？应当赶快读读《孙子兵法》、《六韬》、《左传》、《国语》和《史记》、《汉书》等著作……"

在孙权的教诲下，吕蒙开始学习。他意志坚定，学而不倦。读书范围的广博，读后见解的精深，连一些老先生也难与之相比。

后来，鲁肃于公元210年接替病危的周瑜为奋武校尉统领兵众，曾拜访吕蒙并同他共议军政大事。鲁肃提出的问题竟难不住吕蒙，反而常被吕蒙把他难住！于是，鲁肃拍着吕蒙的肩膀说：“我原以为老弟只有武略罢了，现在看来，你已学识渊博，见解非凡，再也不是当年的吴下阿蒙了！”

吕蒙说：“士别三日，即更刮目相待。”意思为：“士人相别三天，就应换一副眼光来看待他。”

所谓"刮目"，后来成为典故，指另眼看待，不要用一成不变的老眼光看人。

挂　　冠

西汉末年,有位叫逢萌的人,他出身穷苦,由于勤学不懈,终于成为一名很有声望的学者。据《后汉书·逢萌传》记载,逢萌曾在朝廷担任一名小官,那时,野心家王莽独揽朝政、排除异己、欲谋国篡权,朝中百官敢怒而不敢言。王莽的儿子王宇深怕父亲招来杀身之祸,就劝他不要冒天下之大不韪,可是,利欲薰心的王莽拒不听儿子的劝说。王宇想起父亲平时最信奉鬼神,便在一天深夜,把预先备好的鲜血洒在门前,想以不祥之兆劝父亲收敛篡国之心。不料,事情被人发觉,王莽立即把儿子王宇关进狱中,命令他喝下毒酒。王宇喝下毒酒,不一会儿便惨痛死去。王莽杀死亲生儿子,朝廷上下无不震惊。逢萌听到这个消息,预感到王莽很快就会篡权,朝廷必有大乱。于是,他告诉朋友说:"现在三纲已绝,如不早日离开京城,一定会有大难临头。"随后,逢萌解冠挂到了长安城的东门,毅然返回家乡。回到家乡,他带上家眷,渡过大海,到辽东一带避难去了。

据此,后人把辞去官职称为"挂冠"。

观　　止

　　公元前544年，吴国的公子季札到北方的鲁国访问，请求聆听观看周朝的音乐和舞蹈。于是，鲁国的宫廷乐工为他举行了一次"音乐会"。

　　乐工们先为季札演唱了"周南"、"召南"、"邶"、"鄘"、"卫"、"王"、"郑"等十五国风，接着又演唱了"小雅"、"大雅"和"颂"里的诗歌。每演唱一部分，季札都即席加以评论。

　　演唱之后，便是舞蹈。季札看到跳《象箭》、《南籥》舞，说"太美了，但是还有遗憾！"看到跳《大武》舞，赞美说："真妙啊！周朝兴盛的时候，大概就像这样吧！"看到跳《韶濩》舞、《大夏》舞，季札也都满怀兴致地发表了评论……当跳起《韶箾》舞时，季札异常激动兴奋，赞叹说："德至矣哉！大矣，如天之无不帱也，如地之无不载也。虽甚盛德，其蔑以加于此矣。观止矣！若有他乐，吾不敢请已！"意思是说："功德达到极点了！伟大呀，好像天无所不能覆盖，好像地无所不能负载。盛德达到顶点，就无以复加了。观赏到此为止吧！如果还有其他音乐，我也不敢再请求欣赏了。"

　　这段史实记载于《左传·襄公二十九年》。"观止"，意为观赏或观览到此为止，表示对所见到的事物给予高度的赞美。

管　窥

晋代大书法家王羲之的儿子王献之自幼得父亲家传，也擅长书法。因而，年轻时就颇有名气。据说，幼年时，王献之就很聪明，而且善于观察，兴趣广博。

据《晋书·王羲之传》所附的王献之传记载，王献之不甘受礼教的束缚，平日居家闲坐也总是要细心考究自己的容貌举止，成了当时有名的一位风流男子。

王献之年仅几岁的时候，有一次观看家里的门生们掷骰赌博。他看了一会儿，说道："南风不竞。"这是出自《左传》的一句话，原指南方的楚国士气不振，就要败北了。"竞"，是强而有力的意思。王献之用"南风不竞"指坐在南边位子上的赌家要输了。

赌兴正酣的门生们听了王献之的话，说道："这个小儿郎好像是'管中窥豹',竟也能看得出豹身上的斑点了。"

王献之生气地说:"往远说,我愧不如三国时魏人荀粲;往近说,我愧不如当今的刘惔。"荀粲,字奉倩,颇有才学,举止清高;刘惔,字真长,是王献之父亲王羲之的好友,有人把他比做三国时的荀粲。

说完,王献之便拂袖而去了。

"管中窥豹",可节缩为"管窥",后用以比喻看不到事物的整体,只看到了一个局部,含有自谦的意思。比如《聊斋志异·司文郎》有这样的话:"适领一艺,未窥全豹,何勿另易一人来也?"又如:《后汉书·章帝纪》:"区区管窥,岂能照一隅哉!""管窥"还常与"蠡测"连为"管窥蠡测"成为成语,比喻所见狭小短浅。

桂　玉

苏秦，字季子，东周洛阳人，是战国时代有名的策士。他生活的当时，秦国的实力已经相当雄厚，成为太行山以东六国的最大的劲敌。苏秦为了获取个人的政治地位，过荣华富贵的生活，曾发愤读书，揣摩兵书和诈术。学成之后，就游说各国君王，以耸人听闻的说辞，迎合统治者好大喜功的心理，为个人博取好处。起初，苏秦以"连横"说秦，劝说秦惠王与其他六国分别结盟，以离间六国，从中取利，但被秦惠王拒绝。于是，苏秦来了个一百八十度的大转弯，改"连横"为"合纵"，游说六国，合六国之力以抗秦。

苏秦奔波于六国之间，每至一国，多受礼遇。然而又有被冷淡的时候。

据《战国策·楚策》记载，苏秦到楚国只住了三天就要启程。楚王不解其故,问道为什么如此行色匆匆,何不多住几日。苏秦答道:"楚之食贵于玉,薪贵于桂,谒者难得见如鬼,王难得见如天帝。"意思是,楚国吃的、烧的都很贵,吃的比玉石还昂贵,烧的柴薪比贵重的桂树木还值钱,求见为国君传递消息的引荐人("谒者")比求见魔鬼还难,至于见国君,那简直比见天帝还不易了。

后来,人们根据这个故事,概括出"桂玉"二字,用以比喻生活费用的昂贵。

涸　　鲋

战国时代著名的思想家、哲学家庄周，字子休，宋国蒙县(今河南商丘县东北)人。

据庄周自述，他家里很贫困。有一次，他家断了顿，就去找一位当"监河侯"的朋友借粮。监河侯立即答应了，但是他又说："不过你得等一阵子，等我把领地上的赋税收上来以后，就借给你三百金（金，在这里指物品价值数量的计算单位)。"庄周一听很生气，连脸色都变了。于是，他就对监河侯讲了这样一则寓言。

庄周讲道，我昨天来的时候，在路上听到了呼救的声音。我回头一看，车辙辗过的沟痕里有一条快要干死的鲋鱼（即鲫鱼)。我问它："鲋鱼，你在这儿干什么？"他回答我说："我是东海龙王的当差，您能不能给我斗升之水救我一命啊？"

我说：“可以。我正要到南方去拜见吴、越的国王，我可以把西江（指长江）之水滔滔不绝地引来给你，行吗？"鲋鱼生气地说："我失去了水就没办法活下去。如果得到斗升之水就可以活命。不料想您却这样回答我，那还不如早些到干鱼店去找我的好。"

"涸鲋"，即干涸的地方的鲋鱼。后来，人们常以"涸鲋"比喻人的处境困难、危险，急待救援。如南北朝北周作家庾信《拟咏怀》诗有这样的诗句："涸鲋常思水，惊飞每失林。"

鸿　　沟

楚汉相争时期，刘邦、项羽双方实力相差无几，交战多次，各有胜负。后来，楚、汉两军在广武（在今河南荥阳县东北）地方对峙起来。长期相持，楚军粮食不足，军心厌战，项羽为这事很着急。据《史记·项羽本纪》记载，项羽为了迫使刘邦屈服，就把刘邦的父亲绑了起来，扔到宰猪的案板上，然后派人告诉刘邦，如果楚军不得马上战胜刘邦，就把他父亲宰了。不料，刘邦并不吃这一套，他回答说："我跟你项羽曾经结拜为兄弟，因而我的父亲就是你的父亲，你要是把父亲杀了煮成肉汤，也请分给我一碗尝尝。"

项羽气急败坏，真拿刘邦没有办法。后来项羽派使者跟刘邦说："现在天下大乱，我二人已经长期相持不下，你敢不敢出来跟我比个高低？"刘邦回答说："我只愿与你斗智，并不想同你比气力。"在一次阵前对话中,刘邦当面数落项羽的罪状,项羽怒不可遏,让人放箭射刘邦。一箭射中了刘邦的胸口,刘邦狡诈地摸着脚骂道:"贼兵射中了我的脚趾!"项羽听说刘邦没有死,不禁大失所望,真有些进退维谷,左右为难了。

正在这时,刘邦派人来跟项羽讲和,要求把他的父亲和吕后放回来,还建议楚汉双方以鸿沟(在荥阳东南)为界,鸿沟以西归汉王刘邦,鸿沟以东归楚王项羽。项羽答应了,就放回刘邦的父亲、妻子,带兵向东撤退了。

当然,"鸿沟为界"不过是刘邦的缓兵之计罢了。刘邦利用这个机会,采用了张良、陈平的计策,仅两个月时间,便约了韩信、彭越、英布三路人马合击项羽,展开了楚汉之间的最后决战。

这里的"鸿沟",指的是河南荥阳东南的贾鲁河。因当年楚汉以鸿沟为界,平分领土,各不相扰,后来,人们就以"鸿沟"形容彼此不团结,有隔阂和分歧。

红　　娘

　　唐代一个崔相国死后，夫人郑氏与女儿莺莺扶柩回乡安葬。因途中受阻，暂住普救寺中。穷书生张君瑞上京赶考路经此地，进寺游玩，与崔莺莺一见倾心。张生在靠近崔氏的"西厢"住下，以期与莺莺相近。不久，贼将孙飞虎带兵围住普救寺，要抢莺莺为妻。莺莺提出，谁能解围，便与谁成婚。夫人无奈依了此计。张生写信给友人杜将军，杜带兵前来解了普救寺之围。化险为夷之后，老夫人反悔前言，只让莺莺以兄妹之礼拜见张生。

　　面对封建家长的干预，张生与莺莺并没有心灰意冷。此后，二人更沉入热恋之中。莺莺的婢女红娘，是个天真、热情、爽朗、机智，很有正义感的姑娘。她坚决干预其事，周旋于这对情人中间，既肯出力，又不惧风险，终于促成了张生与莺莺的私自结合。

当莺莺的母亲发现了张生与莺莺的爱情时，怒不可遏，便把红娘叫来拷问。红娘面对封建礼教的化身崔夫人，并不示弱，作了针锋相对，以理服人的反击。她说："兵退身安，悔却前言，失信于人，乃夫人之过。"巧妙地戳穿了崔氏的伪善面目。

红娘的形象最早见于唐代元稹的《莺莺传》。元代王实甫的《西厢记诸宫调》中，红娘的形象更丰满了。

后来，"红娘"成了助人完成美满婚姻的人的代称。

画　眉

西汉人张敞是一个很有才干的人。据《汉书·张敞传》记载，张敞做京兆尹的时候，朝廷每次研究重大政事，他都能援引古今事例，处理好对国家有利的事情，朝廷公卿大臣无不佩服得五体投地，皇帝也多次采纳过他的意见。

然而，张敞缺少威仪，行止不够庄重，他刚参加过朝会，就乘马车急驰过章台街（长安城内一条街道），让他的车夫策马驰驱，他自己也拿起扇子一类用具拍打马的屁股。更遭人非议的是，张敞还亲自为他妻子描画眉毛，因而，长安城中流传着"张京兆画的眉毛好"的说法。

在男尊女卑，夫为妇纲的封建社会里，他为妻子画眉的行为自然被人们视为"非礼"。所以有关官员便把他的行为报告给皇帝。汉宣帝得知此情，便召见张敞，问他可有此事，张敞回答说:"我听人家说,在内室中,夫妻之间的私房事,有比画眉还要过分的呢!"

汉宣帝很爱惜张敞的才干,也没有深究画眉之事。但张敞毕竟被认为是个举止轻佻的人,终生也没有获得更高的官爵。

"画眉",即用黛色(青黑色染料)描画眉毛。后代常用张敞"画眉"的典故,比喻夫妻伉俪,恩爱情深。

何 许 人

　　东晋时期著名诗人陶渊明曾写过一篇《五柳先生传》。在这篇文章里，陶渊明写五柳先生，实际上是为他自己作传，叙述自己的性格和志向，表现了他不慕荣利、旷达自任、安贫乐道的情趣。他在文章的一开始便写道："先生不知何许人也，亦不详其姓字。"接着，作者又写了先生住宅旁有五棵柳树，因此人们称他为五柳先生。五柳先生悠闲恬静，寡言少语，不羡慕荣华利禄。喜欢读书，但不过分寻求深奥的解释。每当读到会心得意之处，欢喜得连吃饭都忘记了。他好喝酒，但家里很穷，常常喝不到酒。亲友们知道他的这种境况，有时便摆下酒席邀请他。他去饮酒，总要一饮而尽，酩酊大醉才心满意足。家中四壁空空，连风雨太阳也遮不住。身上的粗布衣服破烂不堪，常常没有饭吃，但他总是安然自若。他写文章自我欣赏，很能表达自己的志向。他忘却那世俗的得失，愿意就这样度过自己的一生……

《五柳先生传》的开头，"先生不知何许人也"，"何许"是何处或什么地方的意思。后来，人们常用"何许人"指来历不明的人。

鸡　　肋

　　三国时代，北魏曹操手下有一位聪明过人的"主簿"，名叫杨修，字德祖。

　　杨修思维敏捷，善于揣摩曹操的心理，这使曹操既喜爱他的才干，又嫉恨他的多智。后来，曹操终于借故杀死了他，死时才34岁。

　　建安24年（公元219年），曹操的得力战将夏侯渊与刘备战于阳平，结果被刘备杀死。这年3月，曹操亲率大军自长安直出斜谷，进入汉中地带，准备寻找时机进攻刘备。然而，大军开进汉中后，曹操估计形势，又觉得并非如他当初设想的那样可以取胜。可是，进发汉中是他的命令，如果在进既不能取胜，守而不能持久的形势逼迫下撤退，岂不有损于他的面子吗？可到底该如何呢？他一时又拿不出主意来。正在踌躇不决之际，厨子给他送来一盘炖鸡，曹操边吃鸡，边继续思考该怎么办。这时，部将夏侯惇进帐请示夜间的口令，曹操口里衔着一块鸡肋骨，随便说道："鸡肋。"

口令传到杨修那儿，他立即明白了曹操的意向。杨修马上吩咐勤务兵收拾行装。有的人不解其意，就问杨修，是不是已经有撤退的命令下达了？杨修说："你们想想看，口令是'鸡肋'，鸡肋，食之无味，弃之可惜，这是把汉中比作鸡肋，继续滞留在此，已经没有什么意思了。所以，我知道，这是要班师回朝了。"果然，曹操随后就下了撤退令。

这个故事记载在《三国志·魏志·武帝纪》裴松之注引《九州春秋》中。后来，"鸡肋"被用来比喻无多大意味，但又不忍舍弃的东西。

拮 据

我国古代第一部诗歌总集《诗经》的《豳风》里有一篇题为《鸱鸮》的作品。这首诗以鸟的口吻，诉说其营巢构窝的辛劳和处境的艰难。《诗序》说，这首诗的作者是周武王的弟弟周公姬旦。武王死后，成王继位。但成王年幼，只好由周公辅政。这时，流言四起，成王开始怀疑周公，担心他会篡夺政权。于是，周公便写了《鸱鸮》以寓托自己的处境。《尚书·金縢》也有类似的说法。当然，上述说法只是一个传说，未必十分可靠。

诗中有这样的句子：

"予手拮据，

予所捋荼，

予所蓄租，

予口卒瘏，

曰予未有室家。"

译成现代汉语就是：

"我的爪子忙得不可开交，

我采摘芦花把窝垫好，

我的嘴坏了因为过于辛劳，

这一切只因为没把家收拾好。"

原诗中的"拮据"本是个文言词，原意是指鸟辛劳过度，脚爪累坏了。后来，"拮据"引申为经济上窘迫，如"手头拮据"。

借 光

战国时代,秦国有一位名叫甘茂的将军,因在秦昭王时获罪,就出逃东去,准备到齐国去谋生。

据《战国策·秦策》记载,甘茂东出函谷关(在今河南灵宝县境),巧遇了前来秦国访问齐国使者苏代。为了赢得苏代的同情和帮助,甘茂对苏代讲了这样一个故事——江畔住着许多人家,各家的姑娘每到晚上就聚在一起做活计。其中有一位姑娘家境清苦,无钱买烛点灯,只好借用别人的灯光照亮。天长日久,别的姑娘们就有了意见,说她只靠大家的灯亮照明,占了别人的便宜,大有从这个集体中"开除"她的意思。于是,那个姑娘就申辩说:"你们别看我点不起灯,可天天都是我来得最早,洒扫房间,铺设坐席,给大家工作带来方便。就是我不来工作,你们不也是照样要点灯吗?那么,让我借点你们的余光又何妨呢?"姑娘的话说得在理，大家就继续收留她了。

甘茂用这个故事巧妙地比喻了自己的处境，委婉地表达了他的意愿，苏代听了大为感动。由于苏代的引荐，甘茂到齐国后不久，就被命为上卿。

后来，"借光"既是一个典故，又是一个俗语。做典故时，它有从别人那儿分享荣誉或借重别人力量的意思，如《儒林外史》第三十四回："李大人专要借光，不想先生病得狼狈至此。"做俗语时，"借光"常用作向人询问或请人给予自己方便时的客气话，

巾　帼

三国时代，魏明帝（曹睿）青龙 2 年（公元 234 年）4 月，蜀相诸葛亮引兵出斜谷，屯驻在渭南的五丈原，屡次令人向魏国的司马懿搦战，然而魏兵坚壁拒守并不出兵应战。原来，老谋深算的司马懿是想用拒不交战的办法与蜀军相持，以挫其锐气，惰其军心，使蜀军进不得志，退无与战，久驻乏粮，一无所获，最后则不得不撤走。到那时，魏军奋起追击，稳收以逸待劳大获全胜之利。

机智多谋的诸葛亮岂肯坐失交战良机！他利用司马懿经不起羞辱的性格特点，改变了一味军前叫战的作法，让人取来妇女的头巾、发饰和一套缟素衣服，装在一个大盒子里，写了一封信，派人送到魏军营寨。魏军诸将不敢隐匿此情，便带来使面见司马懿。司马懿当众拆开盒子一看，装的是头巾、发饰和妇女之衣，展开诸葛亮的信，见上面写道："仲达（司马懿字）既为大将，统领中原之众，不思披坚执锐，以决雌雄，乃甘窟守土巢，谨避刀箭，与妇人又何异哉！今遣人送巾帼素衣至，如不出战，可再拜而受之。倘耻心未泯，犹有男子胸襟，早与批回，依期赴敌。"

司马懿看信后，果然大怒，军心也因此浮动。但司马懿也毕竟不是太感情用事的人，还是借魏明帝"天子明诏，令坚守勿动"为由，巧妙地解除了这场军事危机。诸葛亮送给司马懿巾帼女衣的事，记载于《三国志·魏书》"诸葛亮出斜谷"一句的"注"所引的《魏氏春秋》里。《晋书·宣帝纪》也有类似记载。

后来，"巾帼"成了妇女的代称。

锦　　标

　　五代时人王定保撰写的笔记《唐摭言》卷三记载了这样一段故事。

　　唐朝人卢肇与同郡人黄颇齐名，都很有声望。可是黄颇家中富有，卢肇家贫如洗，在嫌贫爱富的封建社会里，黄颇就受人抬举，而卢肇则常遭人白眼。

　　有一年，卢肇与黄颇一同去赴举应试，他们所在的郡的郡牧理应为举子送行饯别。然而，这个郡牧却不能对本郡举子一视同仁，他在十里长亭上只设酒筵为家中富有的黄颇饯行，对卢肇不理不睬，大有轻贱之意。不料，第二年，卢肇状元及第而归，衣锦还乡，这使郡牧大为震惊。于是，郡牧一改往日的轻贱态度，立时对卢肇恭而敬之了。他亲自跑到郊外去迎接一举成名的卢肇，还邀卢肇一起看正在举行的龙舟竞渡，笑语相陪，殷勤之至。观看竞舟时，郡牧让卢肇写首诗以记盛会，卢肇略加思索，提笔赋诗一首，其中的两句说："向道是龙刚不识，果然夺得锦标归。"

卢肇的诗句既是写眼前龙舟竞渡的实景，又是借物言怀，抒发自己金榜题名的得意之情，而且弦外有音，不软不硬地报复了一下郡牧当年对他的轻慢。

所谓"锦标"，就是用锦制成的旗帜，古时用以赠给竞渡的领先者。后来，人们也把各种竞赛中获胜者得的奖品称为"锦标"。

绝　　缨

这事相传发生在战国时代。

有一天,楚庄王在宫廷大摆酒席,欢宴群臣。美酒佳肴陈列满案,轻歌曼舞美人盈庭,群臣尽兴,喝得酣畅。不知不觉间,天色昏暗,夜幕降临了。于是灯烛高燃,继续饮宴。

正当众人酒兴方酣之际,灯烛燃尽而灭,霎时满庭漆黑。这时,有一个人便乘黑暗混乱之机,去调戏宫中的一位美人,伸手去拽她的衣裙;那美人也并不好惹,当即回手揪住了那人的帽子,黑暗中扯下了他的帽带,并报告了楚庄王,催促他快发令点上灯烛,想要找出那个拽她衣裙而被扯下了帽带的人。

然而,楚庄王并没有从美人之命。相反,他命左右群臣们说:"今日与寡人饮,不绝冠缨者不欢。"于是,群臣全都"绝缨"(扯下帽带)扔到火上烧掉,君臣尽欢而散。

过了两年,晋国与楚国发生战争。有一位楚国将领身先士卒,奋勇杀敌,终于战胜了晋国。战斗结束后,楚庄王问这个人何以如此勇敢,这人回答说:"臣罪本当死。从前,在大王的宴会上,臣吃醉了酒干出失礼的事来,大王隐忍而不加诛杀,我才有今天。臣就是当年夜里被美人扯断帽带的人啊!"

这个故事见于汉代刘向《说苑·复恩》。后来,"绝缨"被用为比喻度量宽大的典故。

隽　永

楚汉相争时，汉将韩信手下有位谋士名叫蒯通。据《汉书·蒯通传》记载，他劝说掌握重兵的韩信背叛刘邦自立为王，但被韩信拒绝。蒯通见韩信不肯纳谏，深恐遭到祸患，便离开了韩信，改扮成装神弄鬼替人祈祷的巫师。后来，韩信被吕后处死时，他追悔莫及，慨叹自己当初未能听蒯通的劝谏。刘邦称帝后，大将曹参被封为齐相。曹参礼贤下士，招揽人才，蒯通也被他请到了门下。在曹参的手下，蒯通除了为他筹谋划策外，他自己还著述了一部论战国时代一些说士权变的书。这部书共有81篇，他自己为书作序，取书名为"隽永"。据唐代学者颜师古注释："隽，肥肉也，永，长也。""隽永"的意思是说所论述的内容甘美而意义深长。

据此，后人便称言辞文章含蓄有内容为"隽永"。

抗　衡

据《史记·丽生陆贾列传》记载，秦朝末年，南海郡尉任嚣见中原大乱，便统领百越，独霸一方。后来，任嚣病重，他把龙川县令赵佗召来，将大权交付给赵佗说："天下大乱，不知何时方能太平，番禺地势险要，南海地广千里，我们不必和中原诸侯相争，在此足以立国。"任嚣病故后，赵佗通令各地守住关口，不与中原往来。他还兼并了桂林一带，自立为南越武王。

汉高祖刘邦统一中原后，为巩固和扩大疆域，分封赵佗为南越王。公元前196年，高祖派能言善辩之士陆贾带上诏书、玉印和礼物去南越，宣布汉朝的旨意。陆贾来到南越，赵佗打扮得和乡民一样，头上梳髻，傲慢地会见他。见此情景，陆贾对赵佗道："大王本是中原人，祖宗的坟墓都在内地，如今怎

么改了习俗，帽子不戴，腰带不系，就仗着这块南越土地，要和中原的皇帝抗衡吗？高祖听说您在南越自立为王，本想派兵征伐，只是怕百姓遭殃，特意派我送来王印，封您为南越王。大王应以臣下的礼节接诏，谁料大王竟这样傲慢无理！倘若高祖知道，那一定要掘大王的祖坟，抄斩大王的宗族，再派一员副将，率十万兵马扫平南越，岂不易如反掌！"

听完陆贾的一番话，赵佗连忙陪礼，恭敬地接受了王印。从此，他做了汉朝的南越王。

"抗衡"原指车轭上的两根横木。后来人们就用"抗衡"表示对抗和不相上下的意思。

雷 池

东晋明帝时,护国将军庾亮执掌朝廷政事大权,很有声威。镇守边城的苏峻,因立过战功而骄横起来。晋成帝年间,苏峻以反对庾亮专擅朝政为借口,发兵反晋,直逼东晋都城建康(今南京)。据《晋书·庾亮传》记载,江州都督温峤是拥护庾亮而反对苏峻的,他为了保障建康的安全,要率兵东下与苏峻对垒。庾亮得知消息,马上写信给他,要他按兵不动,不要轻举妄动。庾亮的这封信题为《报温峤书》。信中说:我担心西部边陲一旦出事,会比苏峻更难对付。因此,老兄还是坐镇原地,不要越过雷水为好。书信中有这样一句话:"我忧西陲过于历阳,足下无过雷池一步也。"西陲,即西部边境,指温峤镇守的地方;历阳,是苏峻驻军之地,在今安徽和县一带。雷池,即雷水,是长江的一条支流。温峤东进必越雷水。庾亮让他"无过雷池一步",意即不要回京城。

后来,人们根据这个故事,把不可逾越的一定的范围或界限,称为"雷池"。

梨　　园

据《新唐书·礼乐志》记载，唐玄宗李隆基是个很有音乐素养的皇帝。他不仅懂得音乐理论，能谱写歌曲，而且会欣赏演出，指导排练。

李隆基把宫廷乐队分为两个部分：在堂下站着演奏的叫做"立部伎"，在堂上坐着演奏的叫做"坐部伎"。他从"坐部伎"乐队中挑选出300名青年子弟，亲自执教，在梨园教他们演奏乐器。谁要是演奏错了，他一定会听出来并指导演奏错了的人改正。李隆基很欣赏他的这支乐队，命名为"皇帝梨园弟子"。还有宫女数百人，也称为梨园弟子，让她们居住在宜春北院。在梨园大乐队中，另外又设置了一个由30多人组成的小乐队。皇帝驾幸骊山，给杨贵妃过生日那天，命小乐队在长生殿演出。演奏的是一支新曲，因而还没有名字，恰巧演奏时，南方送来了荔枝,就把这支新曲命名为《荔枝香》。

由于唐玄宗李隆基在"梨园"亲授弟子习艺,后世人们就把戏班子称为"梨园",把戏曲演员称为"梨园弟子"或"梨园子弟"。

罗　　织

唐朝武则天当政时，有一个酷吏，名叫来俊臣。他可以说是封建社会的迫害狂。为了迫使无辜者招供，他设计了许多惨无人道的刑法，对案犯施以恐怖手段和肉体摧残，制造了种种暴行。

据《旧唐书·来俊臣传》记载，来俊臣每当要把某人置于死地时，便"招集无赖数百人"，让这些人去官府告发，然后共同"罗织"罪状。他手下的这批专吃告密饭，以诬陷好人为能事的歹徒，遍布全国各地。所以，想要给谁治罪，就会有许多处同时告发，连列举的所谓"罪状"都完全一样，简直是众口一词，同声咬定，让受害者有口难辩，有冤难伸。就是皇帝本人也对这些相同的告发材料无法怀疑。来俊臣用这种多取伪证的办法可以随心所欲地诬陷任何一个人。

后来，人们把虚构罪名，陷害无辜称之为"罗织"。

买　骨

古时候，有个国王想用千金买千里马，然而3年也没有买到。宫中有个负责洒扫的近侍之官，对国王说："请国王陛下让我去替你买千里马吧！"国王非常高兴，当即派遣这个近侍之官去寻找千里马。

近侍之官出宫三3个月，历尽艰辛，终于遇到了一个有千里马的人。然而糟糕的是，这是一匹已死了的千里马。近侍之官出五百金买下了这匹千里马的骨头。

他带着马骨返回都城向国王复命，国王见他花五百金买来的竟是毫无用处的一堆马骨，不禁勃然大怒说："我所求的是活千里马，要死马有什么用处，你白白地扔掉了我的五百两黄金！"近侍之官从容不迫地回答说："陛下买死马尚且不惜花五百金，更何况买活马呢？天下人如果知道了这件事，一定会认为国王您是个善于识马、买马的人，那么，千里马的到来也就为时不远了。"国王觉得他说得有理，便没有治罪。果然，不到一年工夫，国王便得到了3匹千里马。

这个故事见于《战国策·燕策》。以五百金买千里马之骨，节缩为"买骨"这个典故，后世用以比喻求贤心切。

模　　棱

　　唐朝武则天时的宰相苏味道，赵州栾城（今河北栾城县）人。武则天延载年间，他以凤阁舍人（主管替皇帝草诏拟令）和检校侍郎（主管检查校正公文的副官）的官职，兼任宰相的职务。一年多以后，就被任命为真正的宰相。

　　据《新唐书·苏味道传》记载，苏味道为人很圆滑。他对宰相府的一切规章都非常熟悉，口才很好，思维敏捷，善于应对皇帝随口提出的问题和向皇帝报告事情。然而，作为国家的宰相，仅仅如此是显然不够的。苏味道名为宰相，其实只不过占个宰相的位子罢了。他任职期间，在治国方面并不曾有什么新的贡献，却是圆滑处事，营私利己，一味钻营。他很为自己的一套处世哲学而自鸣得意，常对别人说："在决定一件事情的时候，不要明明白白地表示自己的态度，因为一旦表态错了，就会追悔莫及；遇事不要太认真，需要表态时，则含糊其辞，模棱两可，保证出不了岔子。"

因而，当时人们送给苏味道一个绰号，叫做"摸棱手"。

"模棱"，也写作"摸棱"，即把手放在木棱上，这样，手掌可触及木棱的两边，用以比喻遇事骑墙，不明确表示可否的圆滑态度。

莫 须 有

北宋末年，朝廷腐败，政治黑暗，民族矛盾非常尖锐。北方女真族建立的金国屡犯边境，频频侵扰，占领了黄河流域的广大地区，进而逼近江、淮，并俘虏了徽、钦二帝。

面对外族侵掠，朝廷中的投降派力主妥协，企图屈辱构合，偏安江南一隅，而以岳飞为代表的主战派坚决主张抵御外侮，收复失地。岳飞，字鹏举，汤阴(今属河南)人。他顶住了以秦桧为首的投降派的压力，率部抗敌，军威大振，曾节节胜利，重创金兀术的军事力量，连续收复许多失地。岳家军把金人打得丧魂落魄，迫使他们退到了黄河以北。

据《宋史·岳飞传》记载，正当岳飞率部北进，越战越猛，准备一鼓作气，直捣黄龙府的时候，秦桧一面勾结金人，一面蒙蔽宋高宗，假传圣旨，连发12道金牌，把乘胜追击的岳飞及其部队调了回来，从而使抗敌战绩付诸东流，收复北方的壮举毁于一旦。

　　岳飞被召回以后，秦桧连施诡计，给忠心报国的民族英雄加上了许多诬陷不实之词，最终竟杀害了他。岳飞死时，年仅39岁。秦桧迫害岳飞，朝中忠正之士莫不愤愤难平，大将韩世忠质问秦桧，岳飞抗敌何罪之有？秦桧竟无耻地回答："其事体莫须有。"韩世忠怒不可遏地大吼："莫须有三字何以服天下？"尽管如此，也还是没有阻挡住秦桧对岳飞的诬陷残害。

捧脚　捧臭脚

隋文帝仁寿年间，朝中有一大臣叫王劭。此人惯于巴结权贵，颇得隋文帝青睐。

隋文帝到了暮年，更加昏庸。有一次，他做了个梦：他想要登上一座高山，可是怎么也攀不上去。这时，大臣崔彭捧着他的脚，李盛搋着他的胳膊，费尽力气，才到达山顶。次日早朝，隋文帝把此梦向崔彭、王劭等人述说了一遍。王劭当即向隋文帝献媚道："此梦大吉。登高山，表明圣上就像那巍峨屹立的高山一样崇高安泰。梦中的崔彭，就是那活了八百多岁的彭祖，李盛好比是那高寿的老子李耳。有此二人扶持，乃是圣上长治久安的征兆。"

听了王劭的一席话，隋文帝喜形于色。可是，时过不久，隋文帝便被他的儿子杨广杀害了。

据此,人们便用"捧脚"比喻装腔作势,用"捧臭脚"来讥讽阿谀献媚的人。

捧　　腹

据《史记·日者列传》记载，汉文帝时，国都长安东市有个占卜的长者叫司马季主。一天，雨过天晴，路上行人稀少，司马季主正和众弟子谈论阴阳吉凶、天地之道，这时，有两人前来拜谒。司马季主见来客衣着外貌、举止言谈并非等闲之辈，便请入座。原来，一位是年方弱冠的朝廷博士贾谊，一位是朝廷中大夫宋忠。接着，司马季主又滔滔不绝地论说起来。他语数千言，莫不顺理。贾谊、宋忠正襟危坐、洗耳恭听，颇为叹服。

司马季主说完，贾谊起身向他问道："我看先生您的风度和高论，当今世上罕见。可是，像您这样的人，为何居住在这低矮的陋室？为何做占卜这种卑下的事呢？"司马季主捧腹大笑道："我看您是个有学识的人，怎能说出这样浅薄粗俗的话呢？而今，您目中的贤士和高贵者又是谁呢？您怎能这样鄙视和侮辱长者呢？"贾谊、宋忠说道；"高官厚禄才是高贵的，有贤德的人都云集那里，而先生居于闹市陋室，以占卜为业，岂不卑下？"司马季主连连摇头，对贾、宋二人道："二位安坐，听我说来……。"司马季主一番话，说得贾、宋面红耳赤，无言以对，只好起身告辞。

后来，人们便用捧腹来形容大笑。

破 天 荒

北宋作家孙光宪的笔记《北梦琐言》卷四记载了这样一个典故："唐荆州衣冠薮泽,每岁解送举人,多不成名,号曰天荒解;刘蜕舍人以荆解及第,号曰'破天荒'。"意思是说,唐时荆州南部地区(在今湖北省)文化很落后,虽然也有些书生,但每年送去应考的举人,都没有考中过。这样的状态持续了四五十年,所以,人们便把那一带地方称为"天荒",意指处于亘古以来尚未开化的原始蛮荒状态之中。

到了唐宣宗大中四年,即公元850年,荆州出了一个名叫刘蜕的才子,他去应考一下子中了进士,从而打破了该地区原来的"天荒"状态,被人们称为"破天荒"。据说,,当时镇守荆南的是魏国公崔铉,为了表彰"破天荒"的荆州才子刘蜕,赏给他钱70万。刘蜕执意不受,回信辞谢说:"五十年来,自是人废，一千里外，岂曰天荒！"

"破天荒"在旧时多被文人用为一举扬名的典故，如宋人周必大诗曰"绛帷幸得天荒破，日日当为问道人。"如今，人们已赋予它全新的含义，用于形容开创性的举动或首次出现的新事物。

强 项 令

东汉人董宣,字少平,朝廷特意征召他到首都做了洛阳令。

他上任后,疾恶如仇,对坏人毫不容情,虽被史家列入"酷吏"之中,其实是一位忠正的清官。

据《后汉书·董宣传》载,董宣做洛阳令时发生了这么一件事。当时,湖阳公主的一个仆人,仰仗主子的势力,在光天化日下杀了人,然后就跑到公主家里藏了起来,地方上的官吏想抓他却没有办法。后来,湖阳公主出门上街时,还让这个杀人者陪着出行,坐在公主车的右面。董宣闻讯,就在公主将要经过的夏门亭等着。车子一到,董宣上去拦住,抓过马缰,用刀指画着地面,高声数落公主的过失,并怒斥杀人的仆人,让他下车,顺势把他击杀了。湖阳公主回到皇宫,把发生的事告诉了光武帝刘秀。光武帝大怒，召见董宣，想要用棍子把他打死。董宣叩头说："我求陛下让我说句话再死。"

光武帝答应了，董宣说："陛下功德无量，汉朝得以复兴，可是却纵容奴仆杀害好人，这将如何治理天下呢？我不须用棍子打，让我自杀好了。"

说罢，董宣就用头去撞柱子，撞得血流满面。

光武帝让宫中小宦官拉过董宣，迫使他给公主叩头赔罪，董宣哪里肯！光武帝让小宦官去按他的头，可董宣用手支着地，说什么也不把头低下去。公主一看这情景，对光武帝说："文叔（刘秀字）当老百姓的时候，家里藏匿逃犯，官吏都不敢上门来搜捕，现在已经贵为天子，反倒不能制服一个小小的洛阳令吗？"光武帝笑着说："当皇帝可跟当老百姓不一样。"他称董宣为"强项令"，并赏给30万枚铜钱。董宣把这些赏钱全都分给了他手下的官吏。

"强项令"，即不肯低头屈服的"令"（地方官）。"项"，是脖子的后部。后来，人们把像董宣那样的性格刚毅，不肯认输，主持正义的官吏，称为"强项令"。

乔 迁

《诗经·小雅》里有一篇贵族宴请朋友、故旧的乐歌,题为《伐木》。这首诗的开头几句是:

> 伐木丁丁,
> 鸟鸣嘤嘤。
> 出自幽谷,
> 迁于乔木。

译成现代汉语就是:

> 砍伐树木响丁丁,
> 鸟儿鸣叫声嘤嘤。

从深谷中飞出来，

迁到高大树上停。

这就是所谓"乔迁"，也叫"迁乔"。"乔"，是指乔木，即高大的树木。后来，"乔迁"成为典故，用以贺人迁入新居，或指官职升迁。如唐代诗人张籍的《赠殷山人》诗中有这样的句子："满堂虚左待，众目望乔迁。"

求凰　琴心

西汉时，司马相如因在梁孝王刘武府里，写下轰动一时的名篇《子虚赋》而蜚声文坛。据《汉书》等记载，一次，司马相如路经临邛县，由县令王吉引荐，到豪门卓王孙家作客。卓王孙的女儿卓文君，年方19，貌美聪慧，能诗善赋，谙于琴律，只是命运作弄，孀居一身。她听说才华横溢的司马相如来到家中，便从门外偷偷向里张望，见司马相如风度潇洒，英姿勃发，仰慕之情油然而生。尚未婚娶的司马相如亦久闻卓文君乃世上少有的风流才女，夙有求婚之意。恰巧席间，酒至半酣，县令王吉递过一张琴来，说道："久闻司马长卿善操琴，逢此良辰，请君弹奏一曲助兴如何？"司马相如见这正是向卓文君传达爱慕之情的良机，便接过琴来，用琴声来表达对她的爱慕之情："凤兮凤兮思故乡，遨游四海兮求其凰……"

卓文君闻听司马相如求凰的琴音后,心中暗想:"司马长卿对我有情,我文君对他有意,美满良缘岂能错过!"于是,她毅然冲破了封建礼教,勇敢地和司马相如一起远走他乡,结为伴侣。

后来,人们便把男子求婚称为"求凰",以"琴心"泛指爱情的表达。

雀　跃

《庄子·在宥》篇记载了这样一则故事。

有个名叫云将的人到东方去游历，乘风而行，遇到了一个名叫鸿蒙的人。鸿蒙正用手拍着大腿"雀跃而游"——像小雀一样跳跃前行。云将看到这种情景，便突然止步，一动不动地站在那儿，问道："请问长者，您是什么人？您为什么要这样像雀一样跳跃呢？"鸿蒙好像根本没听见云将的话一般，仍旧在拍着大腿跳跃个不停，同时召呼云将："你也跟我一起雀跃云游吧！"云将又问："现在六气失调，天气反常，我想调合六气的精华，使风雨寒暑适时，让一切生物正常生长，您可有什么办法告诉我吗？"听了这话，鸿蒙一边继续雀跃，一边摇头回答："我不知道，我不知道！"霎时间，鸿蒙已跳远了，云将终于没有问到什么。

云将、鸿蒙，都是庄子虚构的人物。其中鸿蒙的无为任物的主张代表了庄子的思想。"雀跃"作为一个典故，却获得了独立的意义，后来，人们用它来表示狂喜，高兴到了手舞足蹈的程度。

孺 子 牛

春秋时代,齐景公的夫人燕姬生了个儿子,但未成年就死去了。景公的妾鬻姒也生了个儿子,名叫荼,号为安孺子。荼虽然是庶子,齐景公却爱之如掌上明珠。

公子荼幼年时,齐景公曾变着法哄他玩耍。有一次,景公口衔一条绳子,手脚着地,装作一头牛,让公子荼牵着走来取乐。不料公子荼走着走着竟牵着绳子跌倒在地上,绳子一拉,把景公的牙齿扯掉了……由这件小事,齐国的执政大夫们看得出景公对公子荼的宠爱非比寻常,担心将来会立公子荼为太子而继承王位。于是,他们便对景公试探说:"您的年纪大了,还没有太子,怎么办?"景公没有好气地答道:"你们几位捏进忧愁之中是会生病的,姑且去寻欢作乐好了,何必为国家无君而发愁?"

景公病危时，果然要立公子荼为嗣君。不久，景公死了。可是，齐国执政大夫们对立哪位公子为新君，意见并不一致。公元前489年冬天，在陈僖子的策划下，把公子阳生立为齐国国君。将要盟誓的时候，鲍子喝醉了酒乘车赶来了，替鲍子管车的家臣鲍点质问陈僖子："立公子阳生为君是谁的命令？"陈僖子这时却倒打一耙，诬赖说："我们接受的是鲍子的命令。"鲍子本来是主张遵照景公遗命立公子荼为国君的，岂能容陈僖子信口胡言，就反唇相讥道："汝忘君之为孺子牛而折其齿乎？而背之也！"意思是："你忘了当初为孺子装作牛而折断牙齿的事了吗？如今怎么违背了他呢！"这个故事见于《左传·哀公五年、六年》。

现在，"孺子牛"用以比喻甘愿为人民大众服务的人。如鲁迅《集外集·<自嘲>诗》："横眉冷对千夫指，俯首甘为孺子牛。"

润　　笔

隋文帝杨坚手下有一位功臣，名叫郑译，因为他曾辅佐杨坚立国，所以深受皇帝宠爱。郑译曾因触怒杨坚而被罢官，后来又被重新启用，派到地方上任职。

郑译复职后，有一次奏请皇帝要求恩准回长安治病。隋文帝下诏让他回来，并在醴泉宫接见了他，还为他举行了宴会。宴会上，隋文帝很高兴，对郑译说："你被贬退已经很久了，我实在是可怜你。"隋文帝打算恢复郑译的沛国公的官爵，位列武官最高一级的"上柱国"，就对参加宴会的大臣们说："郑译与我同生共死，历尽危难困苦，我常常想起这些来，哪曾有一天忘记呢！"

听了皇帝的褒扬，郑译捧觞上前，为隋文帝祝颂。隋文帝命内史令李德林马上写一道封赏郑译的诏书，这时，在一旁的高颎跟郑译开玩笑说:"笔干了。"郑译回答说:"我出京城当了地方官,一文钱也弄不到,拿什么给你们润笔呢?"

隋文帝听了大笑。

这段故事见于《隋书·郑译传》。"润笔",就是把笔弄湿,暗指行贿、送礼让人写诏书。后来,"润笔"被用来指书、文、画的酬金,也就是稿费。如宋欧阳修《归田录》卷二:"蔡君谟既为余书《集古录》目序刻石,其字尤精劲,为世所珍,余以鼠须栗尾笔、铜绿笔格、大小龙茶、惠山泉等物为润笔。"

三　迁

战国时代儒家学派的著名代表人物孟子,名轲,邹(今山东邹县)人。孟子幼年时,他的母亲就很重视对他的教育。据汉人刘向《列女传·母仪》记载,孟子的母亲为了选择一个宜于孩子成长的居住环境,曾接连搬家三次。

起初,母亲带着孟子住在一处墓地附近。每天,送葬的人家抬柩扬幡经过家门,吹鼓手奏出戚哀的乐曲,死者的亲人们哭声不绝。久而久之,年幼的孟轲便受到熏染,也跟着学起来,与别的孩子一道玩送葬出殡的游戏。他母亲一看这情景可着了急,说道:"我的儿子住在这样的环境中怎么成呢?这对孩子的教育是不适宜的。"于是,母亲带着孟轲搬家了。这回搬到了一个集市的附近。送葬的行列不见了,可是每天看到那些唯利是图的生意人说大话,夸海口,兜售自己的货物赚钱。

小孟轲很快学起了商人的样子，玩起了做买卖的游戏。母亲又忧虑起来，说道："这里是不适合我的儿子居住的！"于是，母亲带孟子又搬走了。这回搬到了一所学堂附近。孟轲每天看到学生读诗学礼，习文练字，很是羡慕。天长日久，他也学着那些上学堂的孩子的样，在家里玩起上学的游戏，并向母亲提出了上学的要求。这回，母亲高兴极了，说道："这个地方才是适合我儿子居住的处所呢！"于是，他们母子就在学堂附近定居下来了。

这就是"孟母三迁"的故事。千百年来，人们用"三迁"来劝导父母注意为孩子选择宜于健康成长的居住环境。

识荆　识韩

　　唐玄宗开元13年春天，胸怀远大抱负的李白离开蜀地，沿长江顺流而下。这一年，他仅25岁。李白来到了荆襄之地，其时，韩朝宗任荆州长史。韩朝宗曾为朝廷荐举过严协律、崔宗之、房习祖等许多人才，因而，他以选贤举能闻名于世。为了寻找施展才能的机会，做出一番事业，李白决计给韩朝宗写封书信，这就是为后世所传诵的《与韩荆州书》。在信中，李白赞誉了韩朝宗举贤任能，并表白了自己的才智和雄心，希望能得到他的帮助。李白在信的开头写道："我听到天下善于谈论的士人在一起议论说：'人生在世上不必定要封作万户侯，只希望能结识一下韩荆州。'为什么您让人景仰、倾慕到这种程度呢？还不是因为您能以周公那样的风度，礼贤下士，使得四海之内的豪杰，争相投奔到您的门下。而一旦被您接待引荐,就如同鲤鱼跃过龙门,立刻身价提高十倍。所以那些才能超群的士人,都想要在您这里获得名声和评价……。"

李白素来以才自负,所以,他给韩朝宗写的这封恳求信是不卑不亢,还有一股咄咄逼人的气势。

后来人们便以"识荆"或者"识韩"来比喻初见平素所仰慕的人。

食　言

　　春秋时，鲁国有个执政大夫叫做孟武伯，这个人向来言而无信，说了话不算数。为此，鲁国国君哀公对他很有看法。

　　据《左传·哀公二十五年》记载，公元前470年6月，哀公从越国回来，鲁国的季康子、孟武伯在一个叫五梧的地方迎接他。鲁哀公在五梧设宴，与迎接他的人共饮，为哀公驾车的郭重也在座。平素，孟武伯很讨厌郭重。席间，孟武伯举杯祝酒，免不了要说几句话。说什么呢？他忽然想到要借此机会挖苦郭重一下。郭重是个大胖子，孟武伯就从胖上作起文章来，挑衅地问道："郭重，你为什么那么肥胖呢？"鲁哀公一向很宠爱自己的车夫郭重，因而，孟武伯竟拿郭重的胖开玩笑，他怎能高兴呢？于是，不待郭重回答，鲁哀公就接过来说道："食言多也，怎无肥乎？"这话分明是对孟武伯的反唇相讥，讽刺他说话不算数，犹如自己吃掉了自己说的话。孟武伯被说得缄默无语，虽说是有好酒佳肴，他哪里能喝得痛快呢！

后来，就把言而无信，不履行诺言的行为称之为"食言"。

石 尤 风

　　据民间传说，古时候有个姓石的女子嫁给了一个姓尤的商人为妇，夫妻间你恩我爱，如漆似胶，情深意厚，堪称伉俪。

　　有一次，尤郎为了一宗生意要离家远行，乘船到外地去，其妻石氏劝阻，尤郎不听，执意要走。这一走不打紧，竟然经年不归。在家日夜盼望郎君归来的石氏思夫心切，郁闷成疾，虽百般调护，病势却不见好转，反而日甚一日了。临终时，石氏抱憾长叹，说道："我真后悔当时没能把他劝阻住，他这一去不归弄得我好凄苦冷清！我发誓，死后要化作大风，凡有商人行旅出门远游，我要掀起惊涛骇浪，阻住他们的船，替他们的妻子把他们留在家里。"说罢，石氏怅恨而亡。

　　从此以后，商人行旅发船远行之际，如果遇到打头逆风，就称这种风为"石尤风"，并暂时泊船待避，等风停息之后再开船。

这个故事记载在《江湖纪闻》中。古典诗文中凡提到"石尤风",都指狂风、飓风之类。如宋孝武帝的《丁都护歌》:"愿作石尤风,四面断行旅。"唐初诗人陈子昂的《入峡苦风》:"故乡今日友,欢会坐应同。宁知巴峡路,辛苦石尤风。"

书　厨

陆澄，字彦渊，吴郡人，是南北朝时代南朝宋、齐两王朝的学者。

据《南史·陆澄传》记载，他自幼好学，"博览无所不知，行坐眠食，手不释卷。"齐永明年间，任国子博士。陆澄曾以数年时间潜心研究《易经)。当时的尚书令王俭，自以为博学多识，比陆澄读书还多。两人见面总要谈论学问，比试高低，颇有"文人相轻"的恶习。

陆澄在当世被称为"硕学"之士，但也有个容易授人以柄、招人攻击的弱点——他读《易经》读了三年，竟没有弄懂文义，他曾有过撰写《宋书》的打算，而许多年也没有写成。这不是空有博学之名而毫无建树吗？尚书令王俭便抓住这一点，戏谑地说："陆公，书厨也。"这话是颇有讥讽意味的。

后来,"书厨"或"肉书厨",成了那些读书虽多而不能应用的人的代称。

但是,"书厨"一词也并非总是含有贬讽之意的,有时也用来称赞、比喻博学的人。比如《宋史·吴时传》说:"(吴)时敏于为文,未尝属稿,落笔已就,两学目之曰立地书厨。"

束　缊

　　古时候，有个媳妇与她婆婆住在一起。媳妇勤勤恳恳操持家务，恭恭敬敬孝顺婆婆，婆媳俩相处得倒也和睦。可是，有一次发生件意外的事破坏了婆媳间的正常关系，险些造成更大的悲剧。

　　一天夜里，厨房里的肉丢了。第二天清早被婆婆发现后，就怀疑是媳妇在背地里干了偷盗之事。在封建社会，有残酷迫害妇女的所谓"七出"之条：不顺父母、无子、淫、妒、有恶疾、多言、窃盗，夫家可以以妻子犯了其中任何一条为借口把她休回娘家。婆婆既然主观认定是媳妇偷了肉，便一怒之下把她逐出了家门。媳妇一清早含泪离开婆家，越思越想越觉得自己委屈，难道就这样默认了窃盗的罪名不明不白地走了吗？不能！她从一户邻里门前经过时，想起平素与这家大娘处得不错，就走了进去，把满腹的忧愁和不幸讲给了老人。老人家一听就安慰她说："你放慢脚步朝前继续走，我一会儿会让你婆婆家的人去追你回去的。"媳妇将信将疑地走了。老人家束起一把乱麻（"束缊"）作引火之物，来到媳妇的婆婆家要讨借火种，并且说："昨天夜里，我家的狗叼回一块肉，几条狗为争吃这块肉咬斗不休，我要用火治治它们，把它们拆开来。"一听这话，婆婆恍然大悟，原来她的媳妇并没有偷肉。于是，立即让人去追赶媳妇，把她接回了家。

这本是个寓言故事，记载在《汉书·蒯通传》中，《韩诗外传》卷七也有与此大同小异的记载。"束缊"，就是用乱麻束成或搓成的引火物，持之向邻家讨火点燃。后来，用作求援于人之意。也可以说成"束缊请火"。

隋　珠

古时候，汉水之东有个不大的姬姓诸侯国，叫做隋。

有一天，隋国的国君隋侯在荒郊野外看见了一条大蛇。他走到跟前细看，只见大蛇受了重伤，几乎断作两截，扭曲辗转，痛苦不堪。隋侯很同情蛇的不幸，就把蛇带回来，采来一些草药，为蛇精心调理治疗。不久，大蛇的伤养好了，隋侯就把它放回大自然中。

被隋侯治好的蛇，为了报答他的救命之恩，就潜入大江之中，衔出一颗稀世明珠送给了恩人。人们把这颗宝珠命名为"隋珠"。

"隋珠"的传说记载于《淮南子·览冥训》"譬如隋侯之珠，和氏之璧，得之者富，失之者贫"这句话的高诱"注"中。后来，人们以"隋珠"比喻贵重的宝物。

说　　项

唐代有位出生在江东的文人，名叫项斯。他勤奋努力，虚心好学，诗文越写越好。据《唐诗纪事》一书记载，在朝廷任过国子祭酒的杨敬之，是当时文坛上颇有影响的人。他看到项斯写的几首诗都是那样清新、细腻，很赏识这位不知名的"小人物"。后来，杨敬之召见了项斯。他见项斯仪表堂堂、谦恭有礼、谈吐不凡，更加喜爱这位后生。于是，他挥毫赋诗一首，赠给项斯：

几度见诗诗总好，及观标格过于诗。
平生不解藏人善，到处逢人说项斯。

这首诗的大意是：几次见到你的诗都觉得写得好，见了你后才知道你的仪容气度、品格才能也是那样的好。我从来不明白为什么有人不愿说出别人的长处,我逢人到处都要夸奖你。

不久,杨敬之赠给项斯的诗传到了京城长安,从此,项斯名声大振。第二年,项斯又被朝廷选拔为进士。

这首语言朴实无华的诗,表现了诗人爱惜人才、奖掖后进的高尚品格。正是这种可贵的诗情,才使得这首诗成为赠友诗中的上品,被后人广为传诵。后来人们就把替人说好话或讲情称为"说项"。

泰 斗

韩愈（公元768——824年），字退之，河阳（今河南孟县西）人。祖籍昌黎，所以，世人也称他为"韩昌黎"。韩愈是唐代著名文学家、哲学家，"唐宋八大家"之一。他早孤，由嫂抚养。贞元年间中进士，曾任国子博士、刑部侍郎之职，因阻谏唐宪宗迎佛骨，被贬为潮州刺史。后官至吏部侍郎。

韩愈反对六朝以来的骈偶文风，提倡散体，在他与柳宗元的共同倡导下，掀起了轰轰烈烈的古文运动。韩愈以自己的散文创作实践开创了文坛的新局面。他的文章气势雄健，笔力刚劲，清新质朴，一扫只求辞藻浮艳，不重思想内容的形式主义文风，对后代散文的发展起了很好的推动作用。后人曾给韩愈的创作以很高的评价。比如，宋代苏轼称赞韩愈"文起八代之衰"。

泰

　　《新唐书·韩愈传》在叙述韩愈生平与业绩之后,在赞语中说:"自愈没(死),其言大行,学者仰之如泰山、北斗云。"

　　泰山、北斗可并称为"泰斗",用以比喻德高望重或有卓越成就而为众人所敬仰的人。

桃 花 源

东晋时代,诗人陶渊明在《桃花源记》一文中,描绘了这样一个故事:

晋朝太元年间,武陵有个打渔的人。一天,他沿着溪水行船,不知走了多远,忽然遇到一片桃花林,风景十分优美。渔人觉得奇怪。当他划船到了桃花林尽头时,发现山旁有个洞,里边似乎还有光亮。于是,他下船从洞口走进去。刚进去时,道路狭窄;再向前走几十步,豁然开朗。眼前是土地平坦广阔,房舍整齐,有幽美的池塘和桑树林,男耕女织,人人都过着自由幸福的生活。这里的人们见渔人进来,家家没酒杀鸡招待他。在言谈中,渔人才知道,这里人们的祖先是为躲避秦代的祸乱,才逃到这与世隔绝的地方。外面是个什么世道,这里面的人一概不知。渔人就把他所知道的外面的情形讲给他们听，他们听了都很惊叹感慨。渔人在这里一连住了几天，才告辞离开。临别时，这里的人们告诉他：洞中的情形，就不要告诉外面的人啦。

渔人走出洞口，跳上小船，往回划行，沿途还做了标记。回到武陵后，渔人把这事告诉给太守。太守立即派人与他一同前往，寻找那个世外桃源，结果，迷失方向，再也找不到那条路了。

后来，人们据此在诗文中常以"桃源"、"桃花源"作为乱时避世隐居之地的代称，甚至还有作为仙境的。

桃　　莱

据《左传·昭公七年》记载，公元前535年，晋国派人去划定杞国的田界，鲁国的季孙氏打算把成地划给他们。成地本是鲁国孟孙氏的家臣谢息镇守的地方，谢息坚决不同意季孙氏的主张。他说："我听人家说过这样的话：'即使一个人只有小智小慧，一旦守着器物就不能出借，这是礼。'孟孙氏跟随国君效力，可是他的守臣却把他的城邑给丢掉了，这样做，不要说孟孙氏，就是您也会怀疑我不忠诚的。"季孙氏还是要固执己见，又说道："我们的国君到楚国去参加楚王章华台的落成典礼，已经得罪了晋国；现在我们要是不听从晋国，鲁国的罪过岂不更大了吗？晋国军队如果来攻打我们，我可是没有什么办法抵御他们。依我看，还是把成地给他们算了。等以后有机可乘时，我们可以再把成地从杞国夺回来。我把桃地给你作

桃 莱

为补尝，等成地再归还我们，你就可以得到两份土地了。这样办，鲁国可免忧患，孟孙氏可增封邑，您又有什么担心的呢？"谢息推辞说桃地没有山，季孙氏又给了他莱山和柞山。

就这样，谢息才同意迁到桃地，把成地让给了杞国。

后来，以"桃莱"为忠于其主而获利的典故。

绨　　袍

范雎，字叔，战国时魏国人。他曾游说诸侯，到过许多地方。后来，他决定辅佐魏王干一番事业，但苦于家贫无以自资，于是先去魏国中大夫贾须那儿寻些事做。

据《史记·范雎蔡泽列传》记载，有一次，魏昭王派贾须出使齐国，范雎作为贾须的随从人员一同去了。他们在齐国住了数月之久，齐襄王听说范雎能言善辩，很有口才，就派人赐给他金十斤和牛、酒等物，范雎辞谢不敢收受。贾须知道这件事以后，勃然大怒，认为一定是范雎把魏国的国家机密泄露给了齐国，因此才受到齐王的馈赠。于是，贾须命令范雎收下了牛酒，退回了金十斤。

他们返回魏国后，贾须余怒难消，就把范雎受齐王馈赠的事告诉了魏国宰相魏齐。魏齐大怒，不由分说，让舍人抽了范睢一顿鞭子，打断了几条肋骨，打掉了几颗牙齿。范睢装死，结果被用苇席子卷起扔进了厕所，喝醉酒的宾客们把尿撒在他的身上……

范睢死里逃生后，更名为张禄，潜藏起来。后来，他入秦为相。适逢贾须出使到秦国，范睢扮成穷人去见他。贾须一见他的寒酸样子，不禁大为惊异。因为范睢入秦后一直以张禄为姓名，魏国人以为范睢早已不在人世了，而现在，范睢却依然活着，弄到这等地步，贾须岂有不感到意外的道理？相见之下，贾须留范睢共饮，感叹道："范叔一寒如此哉！"说着，取出一件绨袍（粗绨做的袍）赠送给他。等他发现眼前的"穷"范睢就是秦相"张禄"时，大惊失色，"乃肉袒谢罪"。

范睢因贾须馈赠绨袍，恋恋有故人之意，所以前嫌尽释，没有加害于他。

后来，"绨袍"这一典故常用以表示不忘旧情之意。如白居易《醉后狂言酬赠萧殷二协律》诗中有"宾客不见绨袍惠"的句子。

天　堑

南北朝末年，中国北方已被隋文帝统治，南方的陈朝仅据守江南一隅，处于危在旦夕的局势之中。隋文帝为了统一全国，发兵南进，大军集于长江北岸，准备直取陈朝都城建康(今南京)。

强兵压境，危如累卵，陈朝小朝廷随时都有土崩瓦解的危险。然而，荒淫无耻的皇帝陈后主却如燕雀处堂，不知大厦将倾，整天与佞臣爱妃吟风弄月，饮酒赋诗，过着纸醉金迷的享乐生活，从不思量一旦敌军杀来又当如何。皇帝如此，朝臣便曲意逢迎，报喜不报忧，毫不以国家前途命运为念。据《南史·孔范传》记载，当时身为陈朝"都官"的孔范最能散布反对加强江防的论调。他说："长江天堑，古来限隔，虏军岂能飞度？"在他看来，凭着长江天堑把南北隔开，就万无一失，足可高枕无忧了。然而，事实并非如他一厢情愿的那样。事过不久，隋军渡过长江，大将韩擒虎攻破建康，捉住了同爱妃一道躲在枯井里的陈后主，从而陈王朝也寿终正寝了。

"天堑"，本指天然的濠沟，这里专指长江。后来，用以比喻地形险要，也多指长江而言。如李白《金陵》诗有这样的句子："金陵空壮观，天堑净波澜。"

庭 训

春秋时代的思想家、教育家孔子很重视对自己儿子的教育，他不仅给儿子规定了学业科目，而且勤于检查督促，从不放松。

据《论语·季氏》篇记载：有一次，有个名叫陈亢的人向孔子的儿子伯鱼问道："您在老师那儿，是不是得到了与众不同的传授呢？"陈亢说的"老师"就是伯鱼的父亲孔子，他以为孔子教育自己的儿子定与其他学生不同，或者说孔子给别的学生讲授时会有所保留，所以才这样问。伯鱼回答说："我受的教育与别的学生并无不同。父亲曾经一个人站在庭中，我恭敬地从他身边走过。他问我：'学了诗没有？'我回答说：'没有。'他就说：'不学诗，便不会讲话。'于是，我马上去学诗。过了几天，他又一个人站在庭中，我又恭敬地从他身边走过。他问道：'学了周礼没有？'我回说：'没有。'他就说：'不学周礼，便没有办法在社会上立足。'于是，我马上去学周礼。我听到的只有这两件事。"

陈亢回去以后，非常高兴地说："我问了一件事，知道了三件事。知道了诗，知道了礼，还知道了君子对他的儿子并不是那么亲近溺爱的。"

后来，人们把伯鱼受教诲的故事概括为"趋庭"，或称之为"庭训"，意指父亲的谆谆教导。如《晋书·孙盛传》："虽子孙斑白，而庭训愈峻。"

铜　臭

东汉末年，朝纲紊乱，吏治腐败。汉灵帝时，开鸿都门，张榜卖官卖爵，下至地方官吏，上至朝廷公卿，依官级大小，价目高低不等。富有者先出钱后给官；贫贱者可先做官，然后加倍付钱。

当时，冀州（在今河北）有个名叫崔烈的人，他花了五百万钱买了一个司徒的官职。上任以后，起初还觉得意，时间久了，心下渐渐不安起来，买来的官总不如凭才干得的官当起来心安理得。有一次，崔烈问他的儿子崔钧："我现在位居三公，地位显赫，可是人们却说三道四，议论纷纷，对此该怎么办呢？"崔钧回答说："大人年轻时就有美好的声誉，当过郡守，人们并没有说您不应当位列三公，可您现在登上了公卿高位，天下人反而失望了。"崔烈问："为什么会这样呢？"他儿子回

铜 臭

答："议论这件事的人嫌您身上有'铜臭'。"崔烈一听这话分明是在挖苦他以钱买官的勾当，不禁勃然大怒，举起手杖就朝儿子打去。

这个故事记载在《后汉书·崔寔传》中。后来，"铜臭"成为一个用以讽刺有钱人的典故。唐代诗人皮日休的《吴中苦雨寄鲁望》一诗中有"吴中铜臭户，七户沸如膻"的句子。

偷　香

西晋武帝年间有个美男子名叫韩寿，是朝廷重臣贾充手下的一名小吏。贾充的女儿贾午偶然窥见韩寿，顿生爱慕之情，朝思暮想，吟哦抒怀，苦于无缘结识。后来，贾午的婢女去韩寿家，替女主人表白了隐衷，并把贾午的美丽姿容对韩寿描述了一番。韩寿听了也很动情，于是嘱托婢女暗中传书递笺，私结情好，并约期幽会。

到了约定的那天夜晚，韩寿潜到贾家院墙外，纵身越墙，一跃而入，贾家的人并不知晓。

从此以后，两人都有些反常的表现。贾充发现女儿每日总要盛妆打扮，表情和畅，与平素大不一样。贾充与手下各位小吏会面时，总能从韩寿的身上闻到一股奇香之气，这是西域进贡给朝廷的那种香料的气味，一着人身，香味历久不散，可持续一个月。贾充暗想,这种香料,晋武帝只赏赐过两个人,就是他贾充和陈骞,别人家是绝不会有的。于是,他怀疑自己的女儿贾午跟韩寿有私情。然而,贾家深宅大院,墙垣高峻,这对青年是怎么幽会的呢?他先是托言有盗贼,令人修墙。把四周检查了一遍,发现墙东北角有人的脚印。贾充召来婢女,严加拷问,婢女道出了实情,并说,韩寿身上的奇香是小姐偷了老爷的送给他的。至此,真相大白。

贾充见木已成舟,韩寿与贾午也确实堪称伉俪佳偶,就令家人保密,不要声扬"偷香"之事,并把女儿嫁给了韩寿。

这个故事详见于刘义庆《世说新语·惑溺》。《晋书·贾充传》中也略有记述。后世用"偷香"指男女暗中通情。

投 笔

东汉初年,有一位奉朝廷之命出使西域并为汉朝与西域各民族的友好交往做出了重大贡献的英雄人物,他就是班超。班超,字仲升,平陵(今陕西省咸阳市西北)人。

据《后汉书·班超传》记载,班超家境贫寒,生活清苦,他自幼勤学苦读,青年时代常去做些文秘工作,给官府抄写文件,或替私人抄写文稿,以此换得一点微薄的报酬来供养老母和补贴家用。日复一日,年复一年,笔砚生涯也够劳苦了!班超本是个胸怀大志,向往报效国家的热血男儿,他多么渴望有机会象历史上那些驰骋边关、立功异域的人们一样干一番轰轰烈烈的大事业啊!有一次,他正抄写文件时,这些念头涌上心来,一股郁闷之气迫得他猛然起身,把笔一扔,叹道:"男子大丈夫不图别的,应当效法傅介子、张骞,立功异域,博取封

投 笔

侯，怎么能长久地把宝贵的时间浪费在笔砚之间呢？"

张骞、傅介子都是西汉人，先后出使过西域，历尽艰辛，屡经磨难，为建立和发展汉朝与西域各国的联系和友谊立了大功。到了东汉明帝年间，汉朝与西域的原已打通的关系又告断绝。因而，班超有志于学习傅介子、张骞，准备继承他们的事业。班超扔下了笔（"投笔"）以后，从军当了军官。不久，汉明帝派他出使西域。他一直在西域奋斗了21年，壮年而往，归来洛阳已年逾古稀。这就是有名的"投笔从戎"的故事。

"投笔"，引申为弃文就武。例如，唐代诗人刘希夷《从军行》中的"平生怀仗剑，慷慨即投笔"，魏征《述怀》诗中的"中原初逐鹿，投笔事戎轩"，"投笔"二字都是这个用法。

投 梭

晋代名士谢鲲,字幼舆,阳夏人,是国子祭酒谢衡的儿子。谢鲲聪颖早慧,博学多识,酷爱先秦典籍,尤其喜欢读《老子》和《易经》。他还善于鼓琴和歌唱,平时不修边幅,不修威仪,行为放达,言谈自如,被当时的人们视为多才多艺的豁达之士。

谢鲲年青时便登宰府供职,可谓少年得志,仕宦得意。为此,他曾遭到一些不逞之徒的忌恨和中伤,吃过一些苦头。他的好友为他的受辱而叹恨,而谢鲲自己却并不以此为意,依旧我行我素,清歌鼓琴以自遣,仿佛世间荣辱与他都无所谓一样。恰在此时,发生了这样一件事——谢鲲的邻居高家有一个女儿,长得容貌出众,姿色绝佳,又正当妙龄年华,可谓花容月貌,一表人才。谢鲲与这少女虽只打过几回照面,却一见钟

投 梭

情，爱慕之心与日俱增。有一天，他来到少女的窗下，窥见她正专心致志地在织布机前织布。谢鲲为了接近邻家少女，就以含情脉脉的举止和火热多情的话语挑逗她。不料，邻家少女竟把这一切视为轻狂的调戏，觉得受了奇耻大辱，一怒之下随手操起织布机的机梭朝窗外的谢鲲狠命掷去，"呼"地一声，打个正着，谢鲲的两颗门牙应声而断，嘴角也滴下了鲜血。这就是所谓"投梭"。这个故事记载在《晋书·谢鲲传》中。

后来，人们便把妇女拒绝男子的挑逗引诱称为"投梭"。

例如，唐代作家元稹的《莺莺传》写崔莺莺的话说："君子有援琴之挑，鄙人无投梭之拒。"所谓"无投梭之拒"意即接受了对方的追求。

投 香

晋代有一位"美姿容,善谈论,博涉文史,以儒雅标名"的人物,他就是出身于累世官宦人家的吴隐之。吴隐之字处默,濮阳鄄城人。

吴隐之自幼注重品德修养,不贪非分之财,不取非己之物,清操如玉,受人钦佩。晋安帝隆安年间,吴隐之被朝廷命为龙骧将军、广州刺史。广州一带凭山靠海,出产许多内陆罕见的珍异之物,据有一箱之宝,就是数世享用不尽。因此,广州的历任地方官多贪财好货,聚敛肥己,全然不顾朝廷命官的职责和当地百姓的死活。为了一革前任的弊政,才委派吴隐之去赴任。

吴隐之行至离州20里的地方,到了一处叫做石门的所在,那里有一泉名"贪泉",据说饮了泉中之水就一改原先清廉本性变得贪而无厌。吴隐之却坚信自己的品格，不信世间的传说，当着随从们的面舀出泉水痛饮了一阵儿，随后赋诗一首："古人云此水，一歃怀千金。试使夷齐饮，终当不易心。"大意是说，只有具有古代先贤伯夷、叔齐那样的操守，就是饮了贪泉岂能改易本性？果然，吴隐之上任后，"处可欲之地，而能不改其操，举家节俭，革奢务啬，得到了朝廷的表彰与晋升，受到了百姓的拥戴和敬佩。

后来，有一次吴隐之从番禺归来，他的妻子携有沉香一斤，他发现了很生气，认为这是攫取珍奇异物，有损于清白的节操，是为官者断断不应干的事。于是，夺过价值昂贵的沉香包裹，扔进了湖亭水中。这就是"投香"的来历，事见《晋书·吴隐之传》。此后：人们便用"投香"的典故颂扬某些官吏的清廉。至今，广东南海县东北尚有一地名"沉香浦"，也称"投香浦"，据说就是因吴隐之"投香"而得名。

推　　敲

唐代诗人贾岛（公元779——843年），字阆仙，范阳（今河北涿县）人。青年时代，他曾热衷功名，然而屡试不第，因而落拓为僧，取法名"无本"。后来，他还了俗，又去科考，也终于没有考中进士，只能做"长江主簿"一类的小官。贾岛一生虽潦倒落魄，其诗歌创作却取得了一定成就。他喜写荒凉枯寂之境，颇多寒苦清俊之辞。他的五言律诗别具一格，注意锤字炼句，刻苦求工。

据《唐诗纪事》、《隋唐嘉话》等书记载，贾岛写诗常苦吟到忘我之境，不寝不食务求一字之安。有一天，他在京城长安道上骑着毛驴一边缓缓行进一边沉沉吟哦已经酝酿了多日的诗句："闲居少邻并，草径入荒园。鸟宿池边树，僧推月下门……"吟到"僧推月下门"一句，不觉停顿下来。想了

推 敲

一想，又把"推"字改为"敲"字。思来想去，用"推"用"敲"一时还拿不准。于是，他就不时地用手作"推"、"敲"之状，旁边的过往行人都以为他着了魔。恰在此时，传来了达官显宦出行时车马前导的"喝道"声，路上行人纷纷退到一边回避，只有贾岛还沉迷在诗境之中。由于"推"、"敲"二字定夺不下，他竟完全没有发觉出行者的随从仪仗已经前呼后拥地来到了他的面前。大官出行，小民竟如此冒犯，按当时的法律是要治罪的。贾岛被差役们扭住带到了出行者的面前。原来，这位出行者就是"文起八代之衰"的大作家韩愈。韩愈料定这个人没有及时回避定有原由，一经盘问，果然是因苦吟入迷而致。韩愈非但没有责罚贾岛，反而赞赏了他严肃认真的创作态度。问罢，韩愈直陈己见，认为"敲"字要比"推"字传神，也更符合诗的意境。之后，二人并辔而归，共论诗文，结为忘年诗友和莫逆之交。"推敲"二字成了典故，用以表示斟酌字句，反复考虑的意思。

贾岛的这首诗名为《题李凝幽居》，全诗为：

闲居少邻并，草径入荒园。
鸟宿池边树，僧敲月下门。
过桥分野色，移石动云根。
暂去还来此，幽期不负言。

脱　　颖

据《史记·平原君虞卿列传》记载，公元前257年，秦国派重兵围攻赵国的都城邯郸。赵孝成王一面号令将士坚守城池，一面让平原君赵胜到楚国请求救兵。平原君深感此次楚国之行成败与赵国的存亡攸关。于是，他决定从数千食客中选出20名文武双全，大智大勇的人，随他一道前往楚国。可是，当他选出19人后，再也找不到合适的人了。食客中有位叫毛遂的，他来到平原君面前自荐道："遂闻君将合纵于楚国，从食客中挑选20人一道赴楚，现在还少一人，望君能让我随您一道前往。"平原君向毛遂问道："先生在我门下几年了？"毛遂回答："在此已3年。"这时，平原君不悦地说："有才能的人在世上，好比锥子装在口袋中，锥尖马上会露出来。如今先生在我门下已3年，周围的人没有称赞过你，我也未曾听说过你……先生没有什么才能,还是留下不要去吧!"毛遂争辩说:"臣今日就请把我放置在袋中,假如我早就处在袋中,会颖脱而出,岂只是露出锥尖而已!"

平原君听了毛遂的话,觉得颇有道理,同意了他的请求。

平原君带领 20 名随从来到楚国,就与楚王商谈合纵抗秦。可是,他和楚王从早晨谈到中午,楚王还是不肯出兵。这时,毛遂按剑而上,走到楚王跟前,慷慨陈词,终于迫使楚王答应出兵为赵国解围。

后来,人们就以"脱颖"或"颖脱"比喻有才能者终能自显。

纨　绔

东汉人班况是著名历史学家班固的曾祖。据《汉书·叙传上》记载，班况有三个儿子：班伯、班游、班穉。班伯年少时拜师丹为师，专门学习《诗经》。班伯学习刻苦，颇有见地，受到大将军王凤的赏识。王凤向朝廷推荐了班伯，皇帝在宴昵殿召见了他，见他容貌端丽，讲起古代典籍来有条有理，就拜他为中常侍。

当时，皇帝崇尚经学，郑宽中、张禹等每天都到未央宫里的金华殿去讲说《尚书》、《论语》。皇帝下诏书，召班伯也到金华殿讲授诗书。班伯讲经书能通训诂，明大义，还能讲出各家讲经的不同，因而受到皇帝的赏识。

过了几年之后，金华殿授业的传统中断了。班伯不能再去讲学，便整天与皇帝的外戚王氏、许氏子弟们为伍，处于"绮

纨绔

襦纨绔之间"。

"绮襦"、"纨绔",都是贵族子弟的服装。"纨绔",是古代贵族子弟穿的细绢裤。后来,引申以指富贵人家的子弟,含有贬意。如唐代诗人杜甫的诗《奉赠韦左丞丈二十二韵》中有这样的句子:"纨绔不饿死,儒冠不误身。"

忘 年 交

孔融是东汉末年一位著名的文学家,字文举,鲁人。曾任北海相,世称孔北海。孔融为人恃才傲物,他的散文作品锋利简洁,喜用讥嘲讽刺的笔调。曹丕在《典论·论文》中,把他跟王粲等六位文学家相提并论,列为"建安七子"之一。祢衡是东汉末年的另一位文学家,字正平,平原人。他自幼多辩才,文思敏捷,性刚傲物。曾被曹操召为鼓史,在曹操大宴宾客之际,击鼓骂曹,当众予以羞辱。曹操大怒,遣祢衡去刘表割据的荆州。祢衡作有《鹦鹉赋》,借物抒怀,辞气慷慨,表现出才智之士生于乱世的不幸遭遇,是汉末抒情小赋中的名篇。

据《后汉书·祢衡传》载,孔融深爱祢衡的才学。孔融年已40岁时,祢衡才近20岁,两人整整差了一代人的年岁。然

忘 年 交

而，年龄的差距并没有成为结为至友的障碍，他们相同的性格与品德，相同的才学与遭遇，成了彼此要好的共同基础。二人的友谊被称为"忘年交"，也作"忘年友"。后世用"忘年交"或"忘年友"指彼此忘记年岁的长幼，而以才德品格为主的交往。如《南史·何逊传》："南乡范云见逊对策，大相称赏，因结亡 (忘) 年交。"

问鼎　定鼎

春秋时期,楚国日益强盛,雄心勃勃的楚庄王想要取代周王朝的统治。《左传·宣公三年》记载,楚庄王借征伐陆浑戎人之机来到洛水,将重兵陈列在周王朝的境内,向周王朝炫耀武力。周定王闻讯派遣大夫王孙满前去慰军。楚庄王见了王孙满后,就向他问起夏朝所铸传世之宝——九鼎的大小和轻重。王孙满答道:"九鼎的大小轻重全在于君王的德、行,而不在于仅仅有鼎。从前,夏朝实施德政,令人图画出远方的各种物象,让天下各地献来青铜,铸成九鼎,又把所画各种物象刻于鼎上,让人们认识这些物象。因为有了九鼎,人们进入江河,出没高山密林,就会顺利,也不会遇到魑魅魍魉。因而君王和百姓上下协调,共享安乐。夏桀昏聩无德,被商汤讨灭,九鼎移至商朝,计有六百余年。商纣暴虐,被周武王灭掉,九鼎又归周朝。君王德行美善先明，九鼎虽小，却重不可移；君王暴虐昏聩，九鼎虽大，也是轻而易失的。再说，上苍赐福给有德行的君王，要持续到一定时期才会终止。周成王把九鼎安放在郏鄏时，曾占卜周王朝要传 30 代、历经 700 年，这是上苍的旨意。如今，周王朝的势力虽然衰弱了，可上苍的旨意并没变，所以，九鼎的轻重大小，你是不能问的！"楚庄王听完王孙满的一番话，无言以对，只好率兵离开周王朝境地。

　　后来，就用"问鼎"表示篡夺和图谋夺取政权。此外，根据"周成王定鼎于郏鄏"，后世还把建都称作"定鼎"。

问　　津

春秋时期，孔子周游列国，到处推行他的政治主张。据《论语·微子》记载，有一次，他乘车走到一个地方，远远地看见有两个农夫在路旁耕种，就让仲由把车停下来。他一边接过缰绳一边说："仲由，你下车问问那两个人，渡口在哪里？"

仲由恭敬地向农夫询问渡口在何方。其中一个叫长沮的指着孔子问道："那个扯着缰绳的人是谁？"仲由回答说："是孔丘。"长沮又问："就是鲁国的那个孔丘吗？""是的。"长沮讥讽地说道："孔丘他哪里会不知道渡口呢！"仲由又向另一个叫桀溺的打听途径，桀溺问道："你是谁？""我是仲由。"桀溺又问："你是孔丘的弟子吗？"仲由说："是的。"桀溺慨叹道："世道纷乱，有谁能改变这种局面呢？像你这样追随孔丘，到处游说，哪里比得上我们这样隐居好呢！"说完，两人又继续耕种起来。仲由扫兴地回到车旁,把长沮和桀溺的一番话告诉给孔丘,孔丘怅然道:"人不能和鸟兽同群,我不和世上的众人在一起,又和谁在一起呢?假如天下有道,我孔丘也就不到处游说了。"

后来,人们就用"问津"来表示探求途径或尝试的意思,用"知津"比喻通晓事理。

握 发

西周初期,中国历史上出现了一位摄政王,他就是周公。周公姓姬名旦,是周文王的儿子,周武王的弟弟,周成王的叔父。传说周公制礼作乐,所以连春秋时的孔子都十分崇拜他。

周武王死的时候,周成王年幼,尚在襁褓之中,周公姬旦怕天下诸侯因武王去世而反叛,就摄行国政,辅佐成王。本来,武王时已封周公于曲阜(今山东曲阜),成为鲁国的始封之君。由于辅佐天子需要住在都城镐京,周公就派他的儿子伯禽去鲁国代他执政。在送伯禽去鲁的临别时刻,周公一面为周王朝的举国大事殚精竭虑,一面为鲁国的未来而忧心忡忡。他怕伯禽骄傲失贤,坏了政事,有辱于祖宗,对不起先王,免不了要谆谆告诫,一再训导伯禽。周公语重心长地说:"我身为文王的儿子,武王的弟弟,成王的叔父,按说地位够显赫,声名

握　发

够卓著了。可尽管如此,我并没有因此傲慢起来,我'一沐三握发,一饭三吐哺',还怕失去天下的贤人呢。你到鲁国去作诸侯王,要谨慎从事,千万不要因为是一国之君而在国人面前骄纵起来。"

所谓"一沐三握发,一饭三吐哺",是说洗一次头,要多次停下来握住头发处理政务,接见来办事的人,吃一顿饭,也要多次把嘴里的饭吐出来,以便恭敬有礼地同来访的人谈话。这是周公讲自己如何礼贤下士为国家招揽人才的

话,当然含有夸张的成分,不过是为了形容自己为国事日夜操劳的样子以激励伯禽而已。

后来,人们以"握发"、"吐哺"来比喻为国操劳,求贤若渴。有时,这两个词组也连在一起用,写作"握发吐哺"或"吐哺握发",含义是相同的。

这个典故记载在《史记·鲁周公世家》中。早在两汉时代,许多典籍已广泛转述、引用它了。

卧　　雪

东汉人袁安,家居洛阳,以安贫乐道、注重操守著称,深得当时人们的赏识和称许。

一年冬天,洛阳接连数日大雪飞扬,城里街面上的积雪高达一丈,人们都纷纷逃出家门自寻生路。

身为京城地方官的洛阳令,雪后出衙巡视灾情,沿着清理出的狭窄的道路安步徐行。他来到袁安家的门前,见厚厚的积雪封死了门户,无一条路可走,知道袁安并没有逃走。洛阳令不胜惊愕,估计袁安已经死在里面。即刻令人扫除袁安家门前的积雪,打开了袁家的大门。洛阳令进门一看,只见袁安泰然自若,在床上僵卧着,已经有气无力,奄奄一息了。洛阳令问袁安:"为什么不出去而在家里等死呢?"袁安回答说:"天下了这么大的雪,家家生计艰难，缺柴少米，人人腹中空空，忍饥挨饿，我怎么好出去向别人乞讨，给别人添麻烦呢？"

袁安卧雪的故事记载于《后汉书·袁安传》唐代李贤注文。唐人皇甫曾《酬郑侍御秋夜见寄》诗中有"袁安方卧雪，尺素及柴荆"的句子，用的就是这个典故。后世以"卧雪"比喻安于贫贱的清高的操守。

弦 上 箭

公元200年,曹操以劣势兵力与袁绍军队决战于官渡,并取得了决定性胜利。不久,袁绍病死,原在他手下任书记官的陈琳归附曹操。

陈琳,字孔璋,广陵(今江苏扬州)人。"建安七子"之一。汉末,天下大乱,陈琳避难于冀州,依附于当时颇有军事实力的袁绍。袁绍雄踞北方的冀、青、幽、并四郡,兵精粮足,带甲百万,手下文官武将极多;是北方唯一可与曹操抗衡的一股军事力量。袁绍为了消灭曹操,骑兵、步军各15万向黎阳进发,并令书记官陈琳写一篇讨曹檄文,历数曹操罪恶,以便出师有名。陈琳领命草檄,援笔立呈。袁绍览檄大喜,马上命人把檄文在各州郡张贴。檄文传到曹操的大本营许都,当时曹操正患头风卧息在床。左右把檄文呈上,曹操看了一遍,不禁毛骨悚然，出了一身冷汗，不知不觉地头风病也好了，便由床上一跃而起，问道："这道檄文是何人所作？"知情的人回答说："听说是陈琳的手笔。"曹操笑道："可惜有如此文才之人竟落到了武略不足的袁绍之手……"

曹操破袁之后，让人把当时草檄的陈琳找来，二人之间有一番对话。据《三国志·魏书》记载，曹操问陈琳："君昔为本初（袁绍字）作檄书，但罪孤而已，何乃上及父祖？"原来，陈琳写的檄文里，不但列举了曹操的理当讨伐之处，还颇有株连父祖，翻人家谱的味道。曹操的祖父曹腾，是汉朝的中常侍，实际上就是宦官，曾与左悺、徐璜两个宦官一起专权用事，颇有恶名。曹操的父亲曹嵩是曹腾的养子，原姓夏侯氏。所以，陈琳在檄文中写道："司空曹操，祖父中常侍腾，与左悺、徐璜并作妖孽，饕餮放横，伤化虐民。父嵩乞丐携养，因赃假位……"事已至此，陈琳该如何回答曹操呢？他一面谢罪一面说，当时自己身在袁绍军中，犹如"箭在弦上，不得不发"。曹操见陈琳回答得也算得体，又爱惜他的才学，也就既往不咎了。

后来，人们就以"弦上箭"比喻身不由己的处境。

想 当 然

东汉末年,曹操与袁绍争雄,官渡一战,曹操用七万兵力以少胜多大败袁绍军队。袁绍战败后不久病死,曹操又趁袁绍的三个儿子袁尚、袁熙、袁谭为争夺权位而自残骨肉的机会,频频出击,连获胜利。

一次,曹操攻下邺城,他的儿子曹丕也随得胜之师入城。曹丕来到袁绍家里,看到一个少妇正与一个老太婆抱头痛哭。原来这一老一少是袁绍次子袁熙的妻子和她的婆婆。曹丕上前拭去少妇脸上的烟尘灰土,露出了一个美貌女子的面庞,不禁心中大喜。曹操知道了儿子的"美意",就支持他把袁熙的落难妻子甄氏夫人收为己妻。

曹氏父子乘人之危,夺人之妻,难免遭人非议,特别是那些喜欢引经据典的儒生更是连连摇头叹气。据《后汉书·孔融

传》载，当时，孔融就给曹操写了一封信，信中说："周武王伐纣的时候，曾把商纣王的爱妃妲己赐给了周公 (武王的弟弟，名旦)。"其实，历史事实并非如此，据先秦典籍记载，妲己是被杀或自杀的。曹操是个博览群书的人，从来没听说过"武王伐纣，以妲己赐周公"的记载，因此，看了孔融的信，大惑不解。之后，曹操便问孔融，他的这一说法出自何典。孔融回答说："用今天发生的这件事 (指曹操支持曹丕纳甄氏) 来猜度，想必当年周武王以妲己赐周公也是当然的了！"

此后，"想当然"渐被人们接受为典故，其应用的范围也比以前大得多了。现在，"想当然"是人们经常使用的口语，意指主观推断，凭想象认为应当如此。

萧　　墙

春秋时，把持鲁国朝政的季孙预感到，有朝一日，距他封地很近的颛臾国将会帮助鲁君收复执政权力。于是，季孙派兵攻打颛臾。在季孙那里任职的冉求和子路谒见孔子，向他报告了这事。孔子听罢说道："冉求，这难道不该责备你吗？前代的君王曾授权颛臾国主持东蒙山的祭祀，而且它的国境早又在我们的封地中，它是附庸国，为什么要攻打它呢？"

冉求答道："这是季孙谋划的，我们两人本来不主张攻打它。"

孔子道："冉求，古代的史官周任有句话：'能发挥力量，才能任职，如若不能，就该辞职。'譬如瞎子遇到危险，他的助手不去帮助，跌倒后不去搀扶，还要助手何用呢？你的话是不对的。"

冉求又说:"颛臾城墙坚固,离季孙的封地又近,现在不收过来,将来要给子孙留下祸患的。"

孔子不悦地说:"冉求,君子讨厌那种贪得无厌,却用花言巧语掩饰自己……。你们两人辅佐季孙,不能招致远方的人来归附,却要在国境内使用兵力。我看季孙的忧虑不在颛臾,而是在萧墙之内 (鲁君那里) 呀!"

"萧墙"是指鲁君所用的屏风,大臣们来到屏风前,便会肃然起敬,所以叫萧墙 (萧从肃得声)。后来。人们就称内乱为"萧墙之祸",把发生内乱称为"祸起萧墙"。

效颦

春秋时代，南方的越国有个名叫西施的绝色美女，人们发现后，把她献给了越王勾践，越王勾践为了将来打败吴国报仇雪耻，就把西施送给了吴王夫差，以便用女色消磨吴王的斗志。

据《庄子·天运》篇说，西施患有心口痛的病，常常捂着胸前，轻轻地皱着眉头。因为她长得很美，虽然皱起眉头也不显得难看，在有些人看来反而更美了。西施的邻里中有个丑女人，看西施皱起眉头的样子很好看，羡慕得不得了，以为只要效法西施的样子皱起眉头，她自己的姿态也一定很美。于是，这个丑女人就忸怩作态地捂起胸口，紧紧地皱起眉头，巴望着人们也会说她是个美人。然而，事与愿违，适得其反，这丑女人矫揉造作的模样更丑了。当地的富人看见了，赶紧关闭大门；穷人见了她，便携带妻子儿女远远地离开她。

"效颦"，就是指这个丑女人模仿西施皱眉头。后来，人们把以丑为美或不善模仿、弄巧成拙称之为"效颦"。如王维《咏西施》诗有这样的句子："持谢邻家子。效颦安可希！"

《庄子》书中尚没有提这个丑女人的姓名，据《太平寰宇记》记载："诸暨县有西施家、东施家，黄庭坚等始凿言东施效颦。"就是说，自宋代诗人黄庭坚以后，人们才给这个"效颦"的丑女人取名为东施。当然，这只能是根据西施之名而附会出来的名字，未必可信。但"东施效颦"的说法却广泛地流传开了。

悬 鱼

东汉有名的清官羊续,字兴祖,大山平阳人。他的祖父羊侵是汉安帝时的司隶校尉,父亲羊儒是汉桓帝时的太常。起初,羊续作为忠臣的子孙拜为郎中,后来拜为南阳太守。

羊续生当东汉末年,阶级矛盾异常尖锐,统治者内部也正分崩离析,地方官敲诈勒索无恶不作,吏治昏暗,民生涂炭。他去南阳赴任的时候,早就听说那里被当官的搞得不成体统。于是,一入郡界他就摒除车马,换上老百姓的便服,只带一名随身小童抄小道进发。他不辞劳苦,遍访郡内各县,总是先了解民情,倾听百姓的歌谣之后,才徐徐进入县邑。这样,县官是贪是廉,是好是坏,他都心中有数,一清二楚。事情一传开,那些劣迹昭著的贪官污吏都惶惶然不可终日。连年的动乱,把老百姓弄得饥寒交迫,而南阳郡的豪门权贵却崇尚奢

悬 鱼

侈,挥金如土,羊续对此是深恶痛绝。他经常穿着普通的衣服,用简朴的饮食,连出行的车马都远远不附合太守的身份。

羊续上任不久,有一位府丞不知是为了巴结他,还是看他饭食太差,给他送去一些鲜鱼。也许是一时还难以查明这位府丞送鱼的动机吧,羊续把鱼收下了。可是,府丞走后,羊续就把送来的鲜鱼全都吊在屋梁上了。不几日,府丞又来送鱼。一进屋,看到他前次送的鱼高悬屋梁之上,并没有动用一条,于是恍然大悟,面有愧色,打消了再送鱼的念头,默默地退了出去。这就是"羊续悬鱼"的故事,见于《后汉书·羊续传》。后以"悬鱼"比喻官吏的廉洁。如徐积《和路朝奉新居》诗:"爱士主人新置榻,清身太守旧悬鱼。"前一句用的是陈蕃"悬榻"礼待徐穉的典故,后一句用的就是羊续"悬鱼"的典故。

眼 中 钉

在后唐唐明宗在位时，有个叫赵在礼的在宋州任节度使。据《五代史·赵在礼传》引《五代史补》记载，他为官横行霸道，巧取豪夺，为所欲为。宋州人深受其害，对他恨之入骨。后来，朝廷调他去镇守永兴，宋州人闻听拍手称快，奔走相告说："这个坏蛋要滚了，可以说是从眼睛中拔出个钉子，这是何等好啊！"

不料，这话传到了赵在礼的耳朵里。他气得大发雷霆，马上给唐明宗写了封信，请求继续留在宋州。结果，唐明宗同意了他的请求。凶狠奸诈的赵在礼决计惩治一下宋州百姓，于是，他命令手下官员，凡属宋州百姓，每户都要多缴纳一千文钱，名曰"拔钉钱"。弄得百姓哭笑不得。

后来，人们就用"眼中钉"比喻所恨的人，有时把"眼中钉"、"肉中刺"合起来用。

影　　射

相传，古代有一种叫做"蜮"的动物。蜮，又名"短狐"，关于它的最早记载见于《诗经·小雅·何人斯》。《何人斯》是一首贵族作品，它揭发了士大夫之间互相倾轧残害，暗中使坏的真相，抒发了被陷害者的幽愤不平。诗中有这样的句子："为鬼为蜮，则不可得。有靦面目，视人罔极。作此好歌，以极反侧。"其意思是："你就是鬼，你就是蜮，所以人们不能捉到你。你有一副丑恶的面目，说明你没有准则无耻之极。我写下此诗讽刺你，揭发你为人反复不已。"这里，诗人把"蜮"与"鬼"并称，所以后来有"鬼蜮伎俩"一类的说法。

"蜮"的形象描述见于汉代许慎的《说文解字》："蜮，短狐也，如鳖，三足。"《汉书·五行志》、《经典释文》、《博物志》等书记载，蜮，生活在南方的水中，它口含沙粒潜伏靠近河岸的地方，当有人由岸边经过时，它就伺机喷出口中的水和沙子，如果射在人身上或射在人的影子上，人就要生疮或生病。

蜮含沙射人影，简称之为"影射"。后来，用"影射"比喻暗中攻击或陷害人。如白居易《读史》诗有这样的句子："含沙射人影，虽病人不知。"

咏　絮

东晋时期的大政治家谢安,很喜爱文学。《晋书·王凝之妻谢氏传》记载,有年隆冬的一天,他和侄儿女们在书房里谈诗论文,只见窗外乌云密布,顷刻间纷纷扬扬地下起大雪来。谢安漫步来到窗前,欣赏着千姿百态的雪景。他忽然想到:"何不借此考考晚辈们的才思?"于是,他指着漫天飞舞的雪花向侄儿女们问道:"白雪纷纷何所似?"

侄子谢朗稍加思索脱口说道:"撒盐空中差可拟。"

谢安摇头道:"不行,不行!谁能将盐撒得满天都是?再者,若撒盐空中,又岂能像这瑞雪飘摇飞舞?"谢朗满面通红。

这时,谢道蕴谦恭有礼地上前说道:"侄女儿倒是想出一句,不知对也不对?"

谢安道:"侄女不必多虑,只管说来。"

谢道蕴不慌不忙地说道:"未若柳絮因风起。"

谢安一听,连连赞道:"妙,妙! 絮白似雪,絮轻似雪,风吹柳絮因风起,恰似雪花漫天舞。精当至极!"

从此,人们便称谢道蕴为"咏絮才"。后来,人们使用"咏絮"来赞扬能诗善文的女子。古代小说《镜花缘》第六十七回:"咏絮才疏,许侍珠樱之宴。"用的就是这一典故。

庾 尘

晋人庾亮字元规，性好庄、老，善于言谈，举止娴雅，彬彬有礼。晋元帝召见他以后，甚为器重，因此，聘他的妹妹为皇太子的妃子。晋元帝死后，皇太子即位，就是晋明帝，庾亮的妹妹成了明穆皇后。庾亮作为皇帝的大舅子，由此而拥兵自重，权倾朝臣。

西晋末年，北方的匈奴贵族攻陷了洛阳和长安，占领了中原广大地区，晋元帝以健康（今南京）为都城，只想做个偏安江南的皇帝。权臣王导（字茂弘）虽有克复神州之志，但也只是想建立个王氏掌握实权的朝廷。晋朝臣内部矛盾重重，明争暗斗此伏彼起。明帝即位时年少，由王导辅佐幼主。这样，庾亮与王导之间便时有分歧，两相猜忌，各自防范。论官阶，王导在庾亮之上；论亲疏，庾亮则更得皇帝信任。所以，一时竟有庾亮权倾满朝文武之势，王导为之深感不安，常常耿耿于怀，言谈中也时有流露。

据《晋书·王导传》、《世说新语·轻诋》等书记载，晋明帝时，庾亮拥兵出镇于外，据守石头。王导坐镇于冶城。当时有人劝王导要对庾亮多加小心，以防庾亮从冶城上流的石头发兵袭击他。王导说："我与庾亮休戚与共，有识之士还是不要说这种话吧！即使果然如你们所说的，庾亮来了，我就把权交给他，然后告老还乡又有何妨？"

话虽然是这么说，王导毕竟还是不甘心让庾亮凌驾于自己头上的。庾亮占据军防重镇，举足非轻，有很多人都看风使舵归附于他，王导内心甚为不平，但无奈庾亮是"国舅"，又有什么办法呢？王导也只好一面隐忍，谨慎从事，一面不免发发牢骚，以泄积怨而已。石头在冶城西面，当时常起西风。每当大风扬尘，呼呼吹来之际，王导便"举扇自蔽"。弦外有音地说："元规（庾亮字）尘污人。"字面上是说从庾亮那边吹来的沙尘污染人面，其实际含义，不过是指庾亮权势逼人罢了。

后来，"庾尘"便成为一个典故，用以比喻高官显宦的赫赫气焰和逼人的威势。

吮　痈

西汉文帝时候,有个名叫邓通的人,靠谄媚手段得到了皇帝的宠幸。

据《汉书·邓通传》记载,汉文帝刘恒曾患过痈疮。邓通为了表示自己对皇帝的忠心,讨好君主,就常常为文帝吮吸他的痈疮上的脓血。汉文帝为此心里很不痛快,在一次闲暇的时候,文帝问邓通:"天下谁是最爱我的人呢?"邓通回答说:"应当说谁也比不上皇太子更爱您了。"

太子刘盈前来探问父皇的病情,文帝想起了邓通说的话,要试试太子爱父皇的程度,就让刘盈用嘴给他吸吮痈疮上的脓血。太子虽然面有难色,但不好违背父皇旨意,还是勉强从命,把脓血用嘴吮吸了。后来,太子刘盈听说邓通曾给文帝吮吸过疮脓,觉得非常惭愧。从那以后,他心里就非常忌恨邓通了。刘盈即位当了皇帝以后(就是汉景帝),把邓通关在监狱里,结果,这个当年靠"吮痈"得宠的佞臣被活活饿死了。

　　后来,"吮痈"用以形容一些卑鄙无耻之徒谄媚权贵的肮脏行为。例如,烟霞散人《斩鬼传》第五回有这样的句子:"钟馗将他罚得与阴兵做了个吮痈舐痔的外科太医了。"

糟糠　下堂

宋弘，字仲子，是东汉初年一位比较廉正的官吏。

据《后汉书·宋弘传》载，光武帝刘秀的姐姐湖阳公主刚刚死去丈夫的时候，有一次，光武帝跟她在一起议论品评朝廷中的文武百官，想借此了解一下她对谁有意。湖阳公主对光武帝刘秀说："宋弘的仪表与品德学识，是满朝文武谁也比不上的。"

光武帝对姐姐说："姑且让我试试看吧！"

后来，光武帝刘秀召见宋弘，并事先让姐姐湖阳公主坐在屏风后面。宋弘上朝以后，光武帝对他说："民间有这样的谚语：'贵易交，富易妻。'（显贵了就换朋友，富有了就换妻子），这恐怕是人之常情吧？"

宋弘回答说："我听人说：'贫贱之交不可忘，糟糠之妻不下堂。'（贫贱时交的朋友不可忘记，跟自己一起吃过糟糠的妻子，不能赶出家门）。"

光武帝一听宋弘这话，就转头对湖阳公主说："事情办不成了！"

宋弘宁与"糟糠之妻"白头偕老，也不肯攀龙附凤，为后人树立了好的风范。后来，人们便把与自己共同患难过的妻子，称之为"糟糠之妻"，简称为"糟糠"，意指贫贱时的妻子，曾与自己贫苦相依，一起吃过糟糠；称妻子被丈夫遗弃为"下堂"。

折　桂

晋人郤诜是尚书左丞郤晞的儿子，字广基，济阴单父人。郤诜博学多才，性情豪放，不拘细节，为人正直。

晋泰始年间，朝廷下诏"举贤良直言之士"，文立太守推举郤诜去应选。郤诜给皇帝写了一篇千余言的"对策"，在这篇"对策"中，郤诜向皇帝提出了"择人而官"、"任贤使能"等革除弊政的主张，受到了赏识和重用。郤诜举贤良对策及第后，拜为议郎。

后来，郤诜曾任雍州刺史。赴任前，晋武帝为他送行，问他有什么想法。郤诜侃侃而答，直抒胸臆："臣举贤良对策，为天下第一，犹桂林之一枝，昆山之片玉。"晋武帝听了开怀大笑，很欣赏他的爽直。但郤诜以如此自负的口吻回答皇帝的问题，招致了别人的非议，侍中上奏晋武帝，要求罢免郤诜，武帝说:"我不过是同他开个玩笑罢了,他那样回答我也是不足为怪的。"郤诜任雍州刺史以后,"威严明断,甚得四方声誉。"

郤诜以"桂林之一枝,昆山之片玉"自喻,事见《晋书·郤诜传》。此后,人们便以"折桂"比喻登科。白居易《和春深》诗之十有"折桂名惭郤,收萤志慕车"的诗句,前句即用此典。

折 展

公元前三八三年秋天,氐人建立的前秦政权已经平定了许多地方,只有东南一隅的东晋王朝还能与之抗衡。前秦皇帝苻坚派他的弟弟苻融统率万大军为前锋,浩浩荡荡大举攻晋,东晋则派谢玄、谢石等率领僱万士卒迎击前秦军队……

谢玄是东晋中书监谢安的侄子,谢石是谢安的弟弟。这是一场以少制多的战争,胜负自然难以预料,谢安虽然老谋深算,也不能不为国家的前途和弟弟、侄子的成败担忧。纵然如此,谢安却把自己的忧虑和不安压抑在内心深处,唯恐让人看出他的心事来。

有一天,谢安正与一位来客下棋,一局尚未终结,忽然驿站送来一封书信,谢安立即启封展阅——原来是一件来自前线的军情报告。信中说,谢玄、谢石的军队趁前秦军队的主力还没有集结的时机袭击了它的前锋,一举击溃了前秦军;接着,又渡过淝水,乘势猛追,秦兵大败,晋军取得了决定性的胜利。这场大战就是历史上有名的"淝水之战",它挫伤了前秦苻坚王朝的锐气,决定了此后的南北朝局面的形成。这本来是谢安日夜盼望的好消息。可是,他看过信后,竟把信往床头一放,不动声色,表情如故,继续与客人下那盘尚未分出胜负的棋。下完棋以后,客人问他,他才说:"小儿辈遂已破贼。"内心的狂喜岂能久埋胸中而不迸发于外呢?谢安下完棋朝内室奔去时,由于欣喜过度,跨门槛时脚步匆促,连木屐的齿都碰折了。这就是所谓"折屐"。可是,谢安并没有发觉屐齿已经折断,依然边奔向内室边向家人报告晋军获胜的喜讯。

　　这个故事记载在《晋书·谢安传》里。后来,人们便以"折屐"比喻狂喜。比如,宋代大文豪苏轼的《自径山回得吕察推诗,用其韵招之宿湖上》诗有这样的句子:"新诗到中路,令我喜折屐。"

折 蒲

晋人王育，字伯春，京兆人。自幼父母双亡，家里一贫如洗。王育为了谋生，只好去给别人放羊，以此免于冻饿而死。他每天挥鞭赶着羊群去放牧的途中，必须由一所小学堂的门前经过，朗朗的读书声传来，王育不由得频频向学堂里张望，他是多么渴望自己也能有个进学堂读书的机会啊！然而，穷苦的命运弄得他只好整天与羊群打交道。每念及此，王育便感叹流泪，深恨世道不公，时乖命蹇。

王育毕竟是个不甘忍受命运摆布的人，虽然失去了上学的可能和条件，但在放牧羊群时，总还有些空闲时间可以利用，自己何不忙里偷闲，抓紧自学呢？这样打算以后，王育似乎看到了希望。于是，每当羊群在山坡或田头的野地上寻草觅食不太需要时刻照料的当儿，王育就"折蒲学书"——折下蒲柳的枝条代笔，在地上学习写字。有一次，他练字练得入了迷，竟忘了还有一群羊要他看管，有几只羊跑丢了。羊主人责令王育赔偿，王育岂能赔得起！无奈，王育就想把自己卖给人家当奴仆来赔主人的羊。恰在此时，同郡人许子章听说了此事，王育折蒲学书而丢了羊的苦学精神使他深受感动，他便慷慨解囊，代王育赔了羊，还供给王育衣食，让他与自己的儿子一道去上学。

王育梦寐以求的愿望实现了。他无比珍惜这宝贵的学习机会，昼夜攻读，孜孜不倦，不久就遍览群书，博通经史，成了一位远近闻名的学者。

王育的事迹感动并激励了后人，"折蒲"作为不惧贫困勤学苦读的同义语而广为流传。

谪 仙 人

唐代大诗人李白有个"谪仙人"的美称,这个称号据说是这么来的。

据《旧唐书·李白传》记载,李白年轻时就才华横溢,智慧超群,他志向远大,性情豪爽。意气飞扬,有超然出世的气度和愿望。

天宝初年,唐玄宗李隆基派使臣召李白到长安。到京城后,李白就与道士吴筠一起住在翰林院里等候皇帝下诏任命以官职。在此期间,李白便整日与些酒徒在酒店里痛饮,经常是喝得酩酊大醉。唐玄宗很喜欢音乐,并能谱曲。有一次,他创作了一首曲子,想要填上新的歌词,就立即派人去召李白入宫。此刻,李白正醉卧于酒店中。被召入宫后,唐玄宗让人用水洒在李白的脸上,随即命他秉笔写诗,不一会儿,就写了十余首。皇帝阅过,颇为赞赏。

由于李白有这样的轶事,老诗人贺知章见到李白,很欣赏他的为人,说道:"此天上谪仙人也!"

"谪",是贬谪的意思。古时候,人们认为天上的仙人有了过错,就被罚下凡尘来成为一般人,也就是"谪仙"。

贺知章用"谪仙人"称李白,后世也用"谪仙人"作为李白的代称,不过,有时候也用以指那些才华出众,能文善诗的人,或才学优异的人。

折　　腰

出身于名门贵族的陶渊明,在他尚未到而立之年,父母便年纪已高,家世衰落。为生活所迫,他到江州担任了祭酒的官职。因他生性不愿任人驱使,不久,便自己告退,回到家中。州里又启用他任掌管文书簿籍的主簿,他推辞不去,在家中耕田种地,自食其力。后来,他身体瘦弱多病,朝廷又任命他做彭泽县令,他便带着家眷来到了彭泽县。

他平素轻视权贵,不阿谀上司。有一次,郡里派了一位督邮来到彭泽县。按着朝廷礼节规定,县里的官吏面见督邮,先要整好衣帽,束好腰带,才能拜见。他叹息说:"我不能为了五斗米的俸禄而折腰,来恭敬地侍奉一个卑劣的人!"于是,在义熙二年,他扔下县官大印,带上家眷,回归故里。

后来,"不为五斗米折腰"便成为不愿做官或弃官去职的典故;"折腰"表示屈身事人的意思。李白《梦游天姥吟留别》:"安能摧眉折腰事权贵,使我不得开心颜!"这里用的就是这一典故。

知音　绝弦

《列子·汤问》记载，春秋时期，晋国上大夫俞伯牙善弹琴。一次他乘舟行至汉阳江口，船泊崖下。时值中秋之夜，面对当空皓月，伯牙乘兴弹起琴来。可是，一曲未尽，琴弦突然折断，伯牙抬头一看，原来是一个樵夫正向船边走来（古人认为，有人偷听琴音，弦必断）。伯牙心想，一个山野村夫，哪里会听琴知音。于是将断弦接好后，继续弹起琴来，其意在于高山。伯牙刚一停手，樵夫赞道："美哉洋洋乎，大夫之意在高山也。"伯牙很是吃惊，接着又弹起一曲，其意在于流水。余音未绝，樵夫又赞道："美哉汤汤乎，志在流水。"伯牙路遇知音，推琴而起，连忙将樵夫请到船上，重施宾主之礼，才知道樵夫姓钟名子期。二人坐定，叙谈琴艺，相见恨晚。只见伯牙起身对子期说道："如不见弃，愿结为兄弟，以不负知音之友。"钟子期欣然答允,于是二人结为兄弟。

后来,伯牙听说钟子期病故,悲痛万分。他扯断琴弦,摔坏琴。从此,终生不再弹琴。

据此,人们就把知己称为"知音",以"绝弦"比喻丧失知己好友。

纸　贵

西晋文学家左思（约公元250——约305年），字太冲，临淄（今属山东）人。他出身寒微，不好交游。左思少年时曾学书法和弹琴，都没有学成，连他父亲都失去了造就培养他的信心，说道："思所晓解，不及我少时。"父亲认为左思不如他年少时聪明，这使左思很受触动，他于是发愤苦读，经常练笔，终于练就了一手辞藻壮丽的好文章。

据《晋书·左思传》记载，左思用了一年的时间，写成了《齐都赋》（齐都，即临淄）。后来，他的妹妹左芬被选入宫，左家全家迁入京城洛阳。来到京城，左思大开眼界，一个更宏大的创作计划已经酝酿成熟了，他准备写一篇以魏、蜀、吴之国都城为描写对象的《三都赋》。左思闭门索居，苦心经营，历时十年，才写成这篇传诵千古的赋。

然而,《三都赋》刚写成时,并没有给左思带来什么声誉。后来,左思把作品拿给皇甫谧讨教,皇甫谧为《三都赋》作了一篇序,大加称赞。接着,张载为"魏都"部分作了注;刘逵为"蜀都"、"吴都"两部分作注并序;卫权为全赋作了"略解"及序。著名文学家、西晋大臣张华看了《三都赋》以后,叹道:"班(固)、张(衡)之流也。使读之者尽而有余,久而更新。"这样一来,豪富显贵之家竞相传写,"洛阳为之纸贵"。就是说,由于人们争相购买纸张,一时供不应求,纸价为之上涨了。

后来,人们用"纸贵"或"洛阳纸贵"形容著作风行,受到广大读者的普遍欢迎。

指　困

三国时代，东吴王孙策死后，其弟孙权秉遗命继位，掌江东之事。

孙策死时，周瑜正镇守巴丘。他闻讯星夜赶回奔丧，拜哭于亡主孙策灵前。不一会儿，孙权也来到灵堂，两人相见礼毕，不免共谋将来的国事。孙权问周瑜："现在我继承父兄的大业，该以什么策略保有江山呢？"周瑜回答说："自古以来帝王大业都是得人者昌，失人者亡。你应当先求高明远见之人来辅佐你，然后才能求得江东政权永固。"孙权说："先兄有遗言，让我'内事托子布（张昭字），外事全赖公瑾（周瑜字）'。"周瑜说："子布是个贤达之士，足可托以大任，我却怕力不胜重托，我想推荐一个人来辅佐你。"孙权忙问要荐何人，周瑜就说出了鲁肃的名字，并讲了其人的一段轶事。此事载于《三国志。吴书》。

鲁肃，字子敬，临淮东川人。胸怀韬略，腹藏机谋。早年丧父，对母亲非常孝顺。鲁肃家里很富有，常散财济贫。周瑜做居巢长时，有一次率领几百名部下路经临淮，因为缺粮，情况很危急。周瑜听说鲁肃家有两囷米（"囷"是圆形谷仓)，每一囷有三千斛 (每斛十斗)，就登门去请求救援。鲁肃为人慷慨好施，当即手指其中一囷，把囷中粮米全都给了周瑜。这就是所谓"指囷"。

由于周瑜的极力推荐，孙权马上派人请来了鲁肃，并委以重任。

后来，人们以"指囷"比喻慷慨资助朋友。

掷 楯

据《后汉书·逢萌传》记载,东汉初年,光武帝刘秀即位后,当时的北海太守听说有一位名叫逢萌的隐士,德高望重,颇有才干,便派人奉太守旨意携带厚礼请他出山,准备委以重任。不料,逢萌志高行廉,不慕富贵,竟一口回绝了太守的好意。

逢萌为什么不肯当官呢?

原来,早在青年时代他就饱受了被长官役使,丧失独立人格的苦恼了。逢萌,字子康,北海都昌人,生当西汉末叶。因家贫无以为生,他曾做过负责捕盗贼的亭长,这是一个不大的小官,事事要看长官的眼色行事,逢迎曲从,仰人鼻息,送往迎来,极尽媚态,这哪里是逢萌这样的男子汉干得了的呢?当了一阵子亭长,自然受了不少的窝囊气。酒囊饭袋也好,无耻之尤也罢,只要官职比亭长高,他都得在人家面前唯唯诺诺,点头哈腰,这实在是件难以忍受的事。有一次,县尉过亭,逢萌身为亭长,必须迎候拜谒。他低三下四地接待了县尉以后,觉得受了奇耻大辱,于是把亭长手持的捕盗时防身的藤牌("楯")"啪"地往地上一掷,长叹一声,说道:"男子大丈夫怎么能这样被人役使呢?"由此,他毅然辞去亭长之职,发誓再也不涉足仕途了。

后来,人们以"掷楯"比喻毅然去职或不甘受人役使。

治命　结草

春秋时，晋国大夫魏武子有一个爱妾，一直没有生子。魏武子生病时，把他的一个儿子魏颗叫到跟前吩咐说："等我死后，你一定要把她嫁出去。"可是，等魏武子病情恶化，生命垂危之际，他却改了主意，又对魏颗说："你一定要用她给我殉葬!"

不久，魏武子便死去了。魏颗没有照父亲后来说的办，而是按父亲初生病时的话把他的爱妾嫁了人。有人指责魏颗不遵从父亲遗命，魏颗却理直气壮地说："人病危时头脑昏乱，我要照他清醒时说的话办。"

后来，公元前593年，秦桓公攻打晋国，驻扎在辅氏。魏颗在辅氏之役与秦军交战时，正遇秦国有名的大力士杜回，处境十分险恶。忽然，魏颗面前出现一位老人，他把地上的草打成很多结,用来阻拦杜回,一下子把这个大力士绊倒在地上,魏颗才得以把他擒获。

战斗结束后,魏颗夜里梦见了助他擒拿杜回的老人。老人说:"我就是你所嫁出的那个女人的父亲,你遵照先人清醒时的'治命'救了我女儿,我为此而来报答你。"

这个故事记载在《左传·宣公十五年》。后来,用"治命"泛指父亲临终时的遗言;"结草"为死后报恩之词,如晋代李密的《陈情表》一文中:"臣生当陨首,死当结草。"用的就是这一典故。

忠　　泉

耿恭，字伯宗，年幼时父母双亡，为人慷慨，有雄才大略。汉明帝永平 17 年 (公元 74 年) 冬，耿恭作为司马，随骑都尉刘张出击车师。获胜后，汉朝廷设置西域都护，耿恭带兵屯驻在当地的金蒲城。

第二年，即公元 75 年，南匈奴围困了金蒲城。城外的涧水是城里士兵赖以生存的唯一水源，南匈奴的围城部队把它填死了，耿恭的驻军面临着死亡的威胁。身为将领，耿恭是多么着急啊，他带领众人在城内掘井，可是掘了 15 丈深也不见有水。长时间的围困使城里的士兵又渴又乏，渴得难挨，不少人竟把马粪挤出汁来当水喝。耿恭目睹这样的惨状，实在难过，可又束手无策，只好求告神灵，乞求护佑了。于是，他仰天叹道："从前，汉武帝时的名将军李广利拔出佩刀刺山，一下子刺得飞泉喷涌；如今汉德神明，难道我们就到了穷途末路了吗？"说着，耿恭整束衣服，毕恭毕敬地朝他们掘的无水井跪拜再三，口中念念有词，替忍受干渴的士兵向上苍祈祷。过了一会儿，只见水泉汩汩从井底涌出，众人简直不敢相信自己的眼睛了。这惊人的奇迹惊呆了人们，怔了好一会儿，人们才醒悟过来，不禁高声叫好。干渴的威胁，死亡的危险终于解除了。

耿恭令吏士站在城头上向下扬水给南匈奴的围城者看，让他们明白，断绝了城外的水道，并不能帮他们什么忙。南匈奴的将士们颇感意外，竟以为有神明在暗中护佑汉家军队，便引兵退去，一场围城战终于结束了。

这个故事记载在《后汉书·耿恭传》中。后来，人们把耿恭祷告神明而得的泉水称之为"忠泉"，意指耿恭对朝廷忠心耿耿才引得枯井涌泉。诗文中以"忠泉"为颂扬将帅竭忠守节的典故。

昼　　锦

陈胜、吴广领导的秦末农民大起义失败以后，在许多起义军中，只有刘邦和项羽的两支队伍还很强大。

项羽名籍，字羽，下相（属临淮）人。他年少时，"学书不成，去学剑，又不成"，他叔叔项梁很生气，项羽却说："书足以记名姓而已。剑，一人敌，不足学，学万人敌。"公元前210年，秦始皇游会稽，渡钱塘江，项羽与叔叔一道去观看，很羡慕帝王的威风和排场，不禁脱口说道："彼可取而代也。"吓得叔叔赶紧堵住了他的嘴。项羽身高力大，才气过人，吴中子弟没有不畏惧他的。

后来，项羽在消灭秦军主力以后，引军西进。鸿门宴上，因没有听谋臣范增的话而让刘邦逃脱了。接着，项羽攻入咸阳，杀死了秦降王子婴，放火焚烧了秦国宫室，大火三月不灭。他还把掠夺来的金银财宝和妇女集中起来，准备撤出关中到东部去享乐。据《史记·项羽本纪》记载，当时有人向他提出建议说，关中地区山河险峻，东有函谷，南有武关，西有散关，北有萧关，易守难攻，土地肥沃，足可建都称霸。然而，项羽却拒不采纳这个建议，他看秦国宫室已被他纵火烧成一片废墟，只想引兵东去，就说："富贵不归故乡，如衣绣夜行，谁知之者？"有的人一听这话，觉得项羽太乏远见，成不了帝业，就鄙视地说："人家都说楚国人（指项羽）不过是'沐猴（猕猴）而冠'罢了，原来真是这样！"项羽知道了，便把说他是"沐猴而冠"的人扔到鼎镬里煮死了。

项羽认为富贵了以后不回故里去夸耀一番，就好比是穿了锦绣衣裳在夜间走路一样，别人谁也看不到这身好衣裳。由此，产生了一个典故"昼锦"，借为富贵还乡之意。

株 守

《韩非子·五蠹》篇中记载了这样一则寓言。

传说古时候，宋国有个农夫，他的田地里长着一棵树。有一天，农夫正拿着镢头在地里干活，忽然跑来一只兔子。兔子奔跑太快，一下子正撞在那棵树的树干上，扑地而死了。农夫没费什么力气就得到一只兔子，心下大喜。他想，我何必整天在地里辛苦劳作呢？干脆在树旁等着再来兔子得了！于是，他扔下手里的镢头，真地坐在树下等起来了。然而，天底下哪有那么多凑巧的事发生！一天天过去了，再也没有来过什么兔子。田地荒芜了，农时误了，而农夫却一无所获。他的愚蠢行为倒成了宋国人的笑柄。

这则寓言被概括为"守株待兔"，用来比喻安守故常，不求进取，坐等现成。"株守"也有"守株待兔"的意思。不过，它还可用来指困守、闲守。如"株守家园"。《儒林外史》第四十六回有这样一句话："余大先生道：'愚兄老拙株守。'"用的正是这后一个意思。

逐 臭

古时候，有个人与众不同，他浑身上下都有一股难闻的臭味。臭味之大，令人望而掩鼻，谁也不愿靠近他。每当他出来时，人们都纷纷躲避，唯恐与他打个照面。就是他的亲戚和同胞兄弟也不愿与他接近，妻、妾也不愿跟他住在一块儿。为了身上这股奇臭无比的气味，他自己也十分苦恼。周围的人不理他，亲人们讨厌他，怎么办呢？他下了决心出走了，在海洋上的一个岛屿中住了下来。

说来也真是怪事，海岛上有个人偏偏爱闻他身上这股刺鼻的臭味。那个人一闻这股味，便仿佛吃了什么美味佳肴一样感到满足。因此，他不分白天黑夜，寸步不离地跟在这个臭气熏天的人后面，与之同吃、同睡，简直是形影不离，赶也赶不走。这就叫"逐臭"。

这个怪诞的传说记载在《吕氏春秋·遇合》中。后来，人们用"逐臭"比喻嗜好怪僻，与众不同。"建安七子"之一曹植《与杨德祖书》曾提到这一典故，说："人各有好尚，兰茝荪蕙之芳，众人之所好，而海畔有逐臭之夫。"

逐 客 令

战国时代，秦国的朝臣中有许多来自其他诸侯国的"客卿"，如以变法著名的商鞅，秦王朝的国相张仪、范雎，将军甘茂等，都不是秦国人。这些人一般都具有某一方面的才干，因而受到朝廷重用，分掌秦国大权。

秦始皇时，拜楚上蔡人李斯为客卿。这期间，国相吕不韦获罪免职，韩国人郑国在秦国主持开凿了一条灌溉水渠（后来，以他的名字命名为"郑国渠"），这本是一件利于生产的好事，然而有人对秦始皇说，郑国这个人是韩国的间谍，在秦修渠是为了牵制劳动力，使秦国抽不出人力东征。于是，秦宗室大臣舆论哗然，纷纷上书秦始皇，说什么，由各诸侯国来为秦国干事的"客卿"都不可靠，大都是来破坏秦国的大事的。因而，凡属"客卿"，一概应予驱逐，应当下一道"逐客令"，把包括李斯在内的所有"客卿"赶走。

据《史记·李斯列传》记载，秦始皇要逐客的时候，李斯给他上了《谏逐客书》，从秦穆公重用西方的由余，东方的百里奚等五人谈起，回顾了秦国历史上"客卿"的重要作用，力陈逐客的弊害。最后，秦始皇被李斯说服了，便取消了"逐客令"。

后来，泛指赶走客人或不受欢迎的人为下"逐客令"。

逐　　鹿

楚汉相争时，韩信曾在军事上屡屡得胜，平定了齐地，迫使刘邦承认了他的实力地位，封他为齐王。这时，齐地有名的辩士蒯通劝韩信借机独立，脱离刘邦的制约，以图大业。韩信考虑到刘邦对他的礼遇和器重，拒绝了蒯通的建议，并一如既往为刘邦效力，为建立西汉政权驰骋疆场，立下汗马功劳。

后来，统一大业既成，刘邦便疑忌韩信，先是解除兵权，继而设计将他骗进宫去，在刘邦妻子吕雉的参与下，处死了他。韩信临死时追悔莫及，叹道："我悔不听蒯通的话，才上了妇人的当，这难道是天意吗？"

刘邦听说处死了韩信，就问吕雉，韩信临死前都说了些什么。吕雉回答说："韩信说悔不用蒯通之计。"刘邦立即命人把蒯通抓来。问道："是你教韩信造反的吗？"蒯通说："是的。可惜这小子没有采纳，否则，陛下怎么能杀得了他呢？"刘邦闻言大怒，命令煮死蒯通。蒯通大呼冤枉。刘邦问道："你教唆韩信谋反，有什么冤的？"蒯通回答说："秦国纲纪废弛，天下大乱，群英并起。秦失去政权犹如失去一只鹿，天下人共逐之，只有才高足捷的人才追逐得上。……想当初，我只知有韩信，并不知道陛下。况且，当时要争天下的人多得很，难道你能把这些人都煮死吗？"刘邦一听，说道："算了吧！"就放了蒯通。

这个故事记载在《史记·淮阴侯列传》中。

旧时，以"鹿"喻帝位。"逐鹿"指群雄竞起，争夺天下。如唐人魏征《述怀》诗中有"中原还逐鹿，投笔事戎轩"的句子。后来，"逐鹿"已不仅限于形容争夺政权，可泛指各种场合的双方较量。

左 右 袒

西汉初年,吕后的权力很大。汉高祖刘邦死后,吕后专权,实际上控制了朝政。起先,吕后生的太子刘盈继承皇位,就是短命的汉惠帝,只作了7年皇帝就死去了。于是吕后临朝称制,俨如女皇。她上台后,立即操权行令,遍封诸吕,其长兄吕泽之子吕产做了相国,封为吕王,次兄吕释之子吕禄做了上将军,封为赵王。其余吕氏亲族也各得封官,刘氏王朝的军政大权几乎全被吕后集团把持。

吕后死后,吕产、吕禄等人利用他们拥兵自重的实力地位,发动政变,试图取刘汉江山而代之,西汉王朝的命运到了危在旦夕的关头。汉高祖时候的老臣陈平、周勃等私下计议铲除诸吕,他们回想当年汉高祖杀白马歃血为盟时的誓言:"非刘氏而王,天下共击之。"可是,诸吕势力强大,操有实权,怎么对付得了呢？公开的武力抗争显然只能失败，只有智取方为上策。

经过周密策划，周勃等骗取了吕禄的将印。于是，周勃进入北军军门，发布一道军令说："为吕氏右袒，为刘氏左袒。"意思是：拥护吕氏的袒露出右臂，拥护刘氏的袒露出左臂。军令下达后，"军中皆左袒为刘氏。"就这样，太尉周勃成了北军的统帅。接着，周勃又命朱虚侯刘章带士卒千余人入未央宫，击杀了吕产。清除诸吕之后，汉高祖的儿子刘恒才被拥戴继位，就是汉文帝。被吕氏篡夺的皇权又回到刘氏手中。此事见《史记·吕太后本纪》。

后来，称袒护一方为"左袒"，如《聊斋志异·李伯言》："李见王，隐存左袒意。"称对两方都不偏向、不帮助为"不作左右袒"，如《聊斋志异·珊瑚》："二成又懦，不敢为左右袒。"